나의 첫 드론 스타팅

초판 1쇄 발행 | 2017년 6월 25일
초판 6쇄 발행 | 2023년 9월 1일

지은이 | 아나드론스타팅
발행인 | 김태웅
책임편집 | 안현진, 김현아
디자인 | 남은혜, 김지혜
마케팅 총괄 | 나재승
제 작 | 현대순

발행처 | (주)동양북스
등 록 | 제 2014-000055호
주 소 | 서울시 마포구 동교로 22길 14 (04030)
전 화 | (02)337-1737
팩 스 | (02)334-6624

http://www.dongyangbooks.com
m.dongyangbooks.com(모바일)

ISBN 979-11- 5768-255-3 13690

▶ 본 책은 저작권법에 의해 보호를 받는 저작물이므로 무단 전재와 복제를 금합니다.
▶ 잘못된 책은 구입처에서 교환해 드립니다.

이 도서의 국립중앙도서관 출판예정도서목록(CIP)은 서지정보유통지원시스템 홈페이지(http://seoji.nl.go.kr)와 국가자료공동목록시스템(http://www.nl.go.kr/kolisnet)에서 이용하실 수 있습니다.
(CIP제어번호: CIP2017011375)

나의 첫 드론 스타팅

아나드론스타팅 저

동양북스

 머리말

드론 시작할 땐, 아나드론스타팅!

　최근 몇 년간 드론 관련 산업은 폭발적으로 성장하고 있습니다. 언론들은 연일 드론에 대한 기사를 쏟아내고 있고, 국내에서도 여러 회사들이 앞다투어 드론 사업에 진출하고 있습니다. 세계적으로나 국내에서나 드론 시장은 앞으로도 더욱 성장할 것으로 보입니다.

　현재 민간용 드론 분야에서 앞서 나가고 있는 중국에서 취미용으로 만들어지는 드론은 일 년에도 수백 가지가 됩니다. 세계 취미용 드론 시장의 과반을 점유했다고 말해도 과언이 아닌 DJI부터 가성비 좋은 완구용으로 유명한 시마(SYMA)나 여러 드론 회사들의 드론에 자신의 마크를 찍어서 판매하는 JJRC 같은 유명한 회사들도 있고, 이외의 수 많은 벤처회사들이 새로운 드론을 내놓고 있습니다.

　아나드론스타팅이 시작되던 2015년에는 한국에서도 드론에 대한 일반의 관심이 점점 높아지고 있었습니다. 하지만 중국이나 미국에서 새로운 드론들이 입소문을 타고 한국으로 빠르게 들어오던 것에 비해, 드론 제품들이나 제조사들에 대한 공신력 있고 쉽게 이해할 수 있는 정보는 부족하던 때였습니다. 이런 정보의 부족을 해결하기 위해서 저희는 드론에 처음 접근하는 초보자들을 위한 웹진으로 아나드론스타팅(www.anadronestarting.com)을 만들게 되었습니다. 그리고 2년이라는 짧은 시간 동안 아나드론스타팅은 빠르게 성장하며 네이버, 다음카카오 등에 드론과 관련되어 가장 많은 기사가 언급되는 매체가 되었고, 드론 관련 키워드로 구글에 가장 많이 검색되는 사이트로 성장하였습니다.

　머리말을 빌어 그동안 아나드론스타팅이 좋은 콘텐츠를 생산할 수 있도록 기여해 주신 모든 필진들께, 그리고 드론 기술과 드론 시장에 대한 소중한 정보를 제공해 주신 드론업계 종사자 분들께 감사의 인사를 전합니다. 그리고 현재 드론과 관련된 산업에 종사하시는 분들, 그리고 취미로 또는 업무로 드론을 활용하시게 될 모든 분들에게 아나드론스타팅과 이 책이 의미 있는 정보를 제공하였으면 좋겠습니다. 감사합니다.

㈜리얼드론 대표 양현모

 추천사

　구글이 선정한 최고의 미래학자이자 다빈치연구소 소장인 토마스 프레이(Thomas Frey) 박사는 2030년까지 20억 개의 일자리가 사라질 것이지만, 드론과 관련해서는 24개 분야에서 192개 직종의 새로운 일자리가 창출될 것이라고 전망한 바 있습니다. 이와 같이 드론 산업은 새로운 일자리 창출과 미래의 먹거리 산업으로 4차 산업혁명의 핵심으로 부상하고 있습니다. 이러한 때 아나드론스타팅에서 드론에 관한 입문서인 「나의 첫 드론 스타팅」을 발간하게 된 것을 진심으로 축하드립니다. 그동안 드론에 관한 다수의 입문서가 발간되었지만, 이번 아나드론스타팅에서 발간한 입문서는 초급자의 눈높이에 맞춰 누구나 드론의 세계에 쉽게 입문할 수 있도록 구성된, 그동안의 모든 입문서를 종합·완결한 입문서로서 추천합니다.

– 김종복(한국무인기안전협회장)

　2016년 1월 다보스 포럼에서 처음으로 4차 산업혁명이라는 단어가 사용된 이래, 글로벌 경제는 4차 산업혁명의 핵심 분야 중 하나인 '드론' 산업에 주목하고 있습니다. 국내에서도 향후 5년간 1조 원을 투입하여 드론 산업을 보호·육성한다는 이야기가 들리기도 합니다. 이러한 상황 속에서 드론에 관한 제대로 된 입문서가 발행된다고 하니 매우 반갑습니다.
　4차 산업혁명이 우리 생활에 성큼 다가와 인간에게 유익하고 편리하게 이용될 날도 머지 않아 현실화될 것입니다. 부디 이 책을 통해 드론에 대한 새로운 지식과 드론을 활용한 새로운 미래를 꿈꾸는 데 도움을 받으시기를 기원합니다.

– 김성호((주)제양항공해운 회장)

PREVIEW 이 책의 구성 및 특징

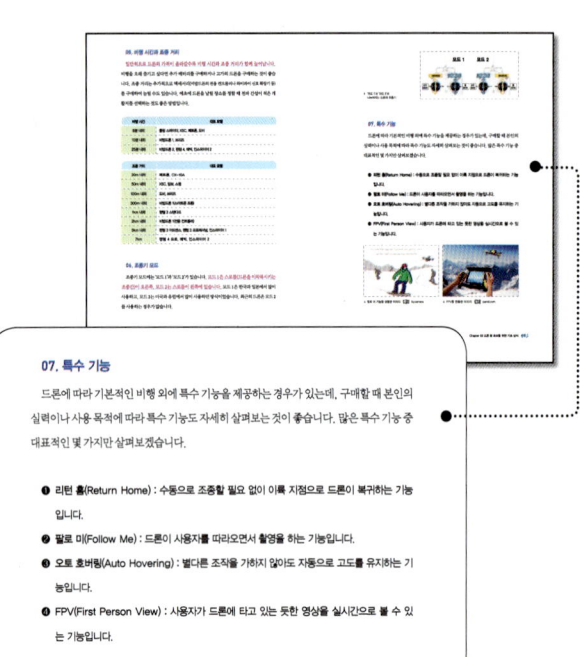

어서 와, 드론은 처음이지?

여러분의 드론 입문, '아나드론스타팅'이 도와드립니다!

드론을 날려보고 싶지만 어떻게
시작해야 할지 막막한 드로너들을 위해
명실상부 국내 최고의 드론전문 웹진
'아나드론스타팅'이 만든 전격 드론 입문서

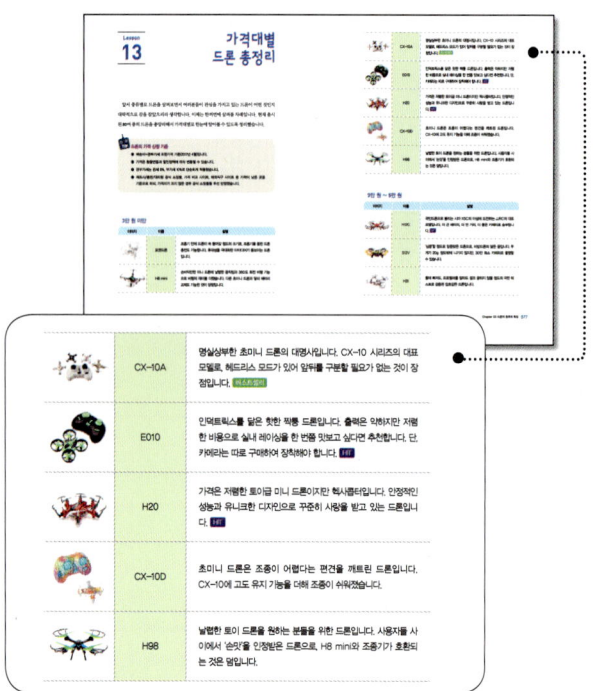

드론, 뭘 사면 좋을까?

최신 인기 드론 BEST 10 +
드론 80여 종 가격대별 총정리!

CX-10/X5C/팬텀 4/매빅 등
판매량 기준 최신 인기 드론 전격 해부!
3만 원 미만에서 200만 원 이상까지
가격대별 드론 80여 종 특징 총정리!

드론을 샀다! 이제 어쩌지?

기초 조종법에서 영상 촬영 편집 노하우까지 전격 수록

드론 호버링하는 법에서 드론 촬영
영상 편집 프로그램 소개까지!
안전하게 드론을 즐길 수 있는 드론
사용설명서 완전 수록!

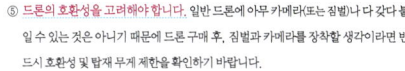

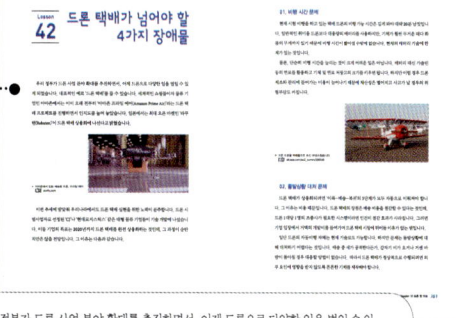

드론, 어른들의 장난감이라고?

미래산업의 화두 '드론'의 현주소 및 미래 전망

드론 택배/드론 핫 이슈/드론과/
드론 커뮤니티 및 정보 사이트 소개!
국내 드론 산업의 현주소 및 드론이
가져올 미래 전망 제시!

CONTENTS 목차

Part 01
드론의 이해

Chapter 01 드론이란 무엇인가 … 014
- Lesson 01 드론, 그 기원을 찾아서 … 015
- Lesson 02 드론 활용은 어디까지 가능할까 … 022
- Lesson 03 드론에 대한 몇 가지 오해 … 030
- Lesson 04 드론의 매력에 빠지는 명장면 BEST 10 … 034

Part 02
드론의 종류와 구매 노하우

Chapter 02 드론 왕초보를 위한 기초 상식 … 042
- Lesson 05 네이버 지식인 드론 질문 BEST 8 … 043
- Lesson 06 드론, 스펙으로 읽는다 … 050
- Lesson 07 최신 인기 드론 BEST 10 … 056

Chapter 03 드론의 종류와 특징 … 062
- Lesson 08 토이급 드론 … 063
- Lesson 09 중간급 드론 … 067
- Lesson 10 촬영용 드론 … 069
- Lesson 11 전문가급 촬영 드론 … 072
- Lesson 12 레이싱 드론 … 074
- Lesson 13 가격대별 드론 총정리 … 076

Chapter 04 드론 구매하기	088
Lesson 14 드론 구매 전 확인할 몇 가지 사항	089
Lesson 15 초미니 드론을 추천하지 않는 이유	095
Lesson 16 드론 구매하기	097
Lesson 17 중고 드론을 사기 전에 알아야 할 6가지 체크 사항	104
Lesson 18 처음 드론을 살 때 함께 사면 좋은 장비	109
Lesson 19 꼭 알아야 할 드론 전파인증	112

Chapter 05 드론의 부가 장비	116
Lesson 20 배터리	117
Lesson 21 FPV 고글	125
Lesson 22 카메라 스펙 읽기	136

Part 03
드론 비행하기

Chapter 06 드론 비행 지역	148
Lesson 23 드론 나들이 장소 BEST 13	149
Lesson 24 비행금지구역의 모든 것	156
Lesson 25 서울에서 드론을 날릴 수 있는 곳 찾기	161
Lesson 26 레디 투 플라이로 드론비행구역 찾기	163

CONTENTS 목차

Part 04
드론의 기초 조종법

Chapter 07 조종법 기초 … 168
Lesson 27 조종 전에 확인해야 할 3가지 체크 사항 … 169
Lesson 28 첫 드론을 위한 조종 가이드 … 171
Lesson 29 드론 호버링하는 법 … 175

Chapter 08 팬텀 4로 배우는 드론 완전 정복 … 178
Lesson 30 팬텀 4 살펴보기 … 179
Lesson 31 팬텀 4 설정하기 … 190
Lesson 32 팬텀 4 날려보기 … 197

Chapter 09 영상 촬영 및 편집 … 206
Lesson 33 드론으로 셀카를 잘 찍는 4가지 방법 … 207
Lesson 34 젤로 현상을 극복하는 5가지 방법 … 212
Lesson 35 드론 동영상 편집 프로그램 … 217
Lesson 36 드론 동영상 편집 앱 BEST 5 … 223

Chapter 10 상황별 위기 대처법 … 228
Lesson 37 드론 초보자가 많이 하는 실수 BEST 5 … 229
Lesson 38 조종 중에 처할 수 있는 돌발상황들 … 233
Lesson 39 드론으로 인한 사고 사례 … 235

Part 05

드론 산업의
미래와 전망

Chapter 11 관련 규정 파악하기   242
Lesson 40 전파법과 FPV   243

Chapter 12 드론 핫 이슈   246
Lesson 41 드론과를 소개합니다   247
Lesson 42 드론 택배가 넘어야 할 4가지 장애물   252
Lesson 43 1,000,000 800 1,000,000 57   256

Appendix

부록

드론 관련 커뮤니티와 정보 사이트   264

Part 01

드론의 이해

1부는 드론에 대한 플랫폼 역할을 합니다. 지금 당장 드론을 구매해서 하늘로 날리고, 신나게 레이싱도 해보고, 멋진 영상도 찍어보고 싶을 겁니다. 하지만 모든 일에는 순서가 있듯이 드론도 기본 이해부터 시작해야 합니다.

드론이 정확히 무엇이고 그 역사는 어떻게 되는지, 우리가 드론에 대해서 잘못 알고 있는 것은 무엇인지 등을 먼저 확인한다면 지금보다 드론의 매력에 한층 더 빠질 겁니다. 드론을 알기 위해 플랫폼에 올라선 여러분을 환영합니다.

Chapter 01
✕
드론이란 무엇인가

TV에 나오는 여행 관련 프로그램이나 예능, 다큐멘터리 등을 보고 있자면 줌 렌즈로 당겨서 저 멀리에 있는 화면을 잡는 듯한 모습을 많이 보곤합니다. 그럴 때면 "어떻게 저렇게 화면을 잡지? 헬리콥터를 띄우지도 않을텐데…" 하고 의아했던 경험이 있습니다. 하지만 시간이 좀 더 흘러서 드론에 카메라를 장착한 '헬리캠'이라고 불리는 기기를 활용해서 그런 화면을 잡는다는 것을 알았습니다.

이처럼 이 책을 선택한 독자들은 드론에 대한 궁금증과 호기심이 있는 분이라 생각합니다. 이제 그 궁금증과 호기심을 채우기 위한 첫발을 내딛습니다. 드론에 대한 전체적인 역사와 개요로 시작해서 드론에 대해 잘못 알고 있는 몇 가지 오해를 풀고, 드론의 멋진 비행 영상을 통해서 드론의 매력에 흠뻑 빠지길 바랍니다.

Lesson 01
드론, 그 기원을 찾아서

네이버(NAVER) 검색창에 '드론'이라고 검색하면, (다른 것을 검색할 때도 그렇듯이) 맨 먼저 드론을 구매할 수 있는 링크가 화면을 도배한 후, 가장 나중에 나오는 백과에 이르러서야 드론에 대한 정의가 등장합니다. 다음(DAUM) 검색창도 일단 드론을 사라고 권한 후 드론이 뭔지 설명하기는 마찬가지입니다. 포털 사이트의 상황이 이러하니 '드론'이란 말은 많이 들어봤지만, '드론'이 정확히 무엇인지는 찾아보기가 쉽지 않습니다. 그러니 이 책에서는 '드론' 그 자체에 대해서 먼저 알아보는 게 순서일 것 같습니다.

▲ '드론'을 검색하면 드론의 구매처가 먼저 나오는 포털 사이트 출처 네이버(www.naver.com), 다음(www.daum.net)

'드론'은 최근 우리 입에 가장 많이 오르내리기 시작한 단어 중 하나가 아닐까요? 드론이 무엇인지, 누구든 간단하게 설명할 수 있을 만큼 흔한 기계가 되었고, 드론에 대해 나름 식견이 있는 분은 드론의 역사까지 이야기해 줍니다. 그런데 묘하게 '드론'의 정의와 그 기원이 조금씩 다릅니다. 아마도 드론의 정의에 대한 견해가 조금씩 다르기 때문인 듯합니다. 누구나 알지만 다 알기 어려운 드론, 그 정의와 기원에 대한 담론으로 이야기를 시작해볼까 합니다.

01. "윙윙" 소리를 내면서 날아다니는 장난감

드론이란 단어가 매스컴에 오르내리기 시작했던 것은 아마도 걸프전 이후였던 것으로 기억합니다. 그때의 드론은 지금처럼 여러 개의 프로펠러를 가진 형태가 아니라 날개를 가진 비행기 형태였습니다.

▶ 대표적인 군용 드론인 프레데터(Predator)
출처 위키백과(www.wikipedia.org)

정확히 드론은 UAV(Unmanned Aerial Vehicle), 즉 '사람이 타지 않는 날아다니는 것' 정도로 해석되는데, 국립국어원에서도 이에 질세라 '무인기'라는 우리말로 드론을 정의했습니다. 하지만 '무인기'는 어딘지 삭막한 데다가 꼭 하늘을 나는 것만 드론으로 보기에는 그 정의가 아쉽기도 합니다. 드론을 UAV만으로 보지 않고 UGV(Unmanned Ground Vehicle, 혼자 다니는 자동차), USV(Unmanned Surface Vehicle, 혼자 떠다니는 배), UUV(Unmanned Underwater Vehicle, 혼자 가는 잠수함)도 드론으로 볼 수 있으니까요. 좀 더 자세한 내용은 https://goo.gl/OcDW86을 참고하기 바랍니다.

그런데 우리에게 익숙한 UFO(Unidentified Flying Object)나 ET(Extra Terrestrial) 같은 약어로 UAV를 사용하지 않고 드론(Drone)이라는 이름으로 부르는 데는 다른 이유가 있는 것 같습니다.

가장 많이 알려진 이름의 기원은 그 뜻에서 짐작할 수 있습니다. 수벌(Male Bee)을 의미하는 드론(Drone)은 벌이 "윙윙"거린다는 뜻이 있습니다. 그래서 UAV처럼 군사용어 같은 느낌의 단어보다는 '드론'이라는 이름으로 부르게 되었다는 설입니다.

▲ 옥스퍼드 사전에 수벌(Male Bee)로 기재된 드론(Drone)
출처 goo.gl/1jH0ZK

그런데 초기의 UAV는 프로펠러 형태보다 비행기 같은 고정익 형태가 더 많았습니다. 과연 당시의 고정익 드론도 벌처럼 "윙윙" 소리가 났을까 하는 의문이 들어 좀 더 찾아보았습니다.

다른 기록에 의하면 1935년 미 해군 제독 윌리엄 스탠들리(William Standley)가 영국 해군이 사격 연습용으로 사용하던 무인 비행기 '여왕벌(Queen Bee)'을 보고 감동을 받아 유사한 무인 비행기를 만들었는데, 여왕벌과 대칭이 되도록 수벌(Drone)이라고 이름을 붙였다는 설도 있습니다. 비슷하지만 조금 다른 이야기도 있는데, 여왕의 나라 영국에서 '여왕벌'을 사격 연습용으로 부르기가 껄끄러워 '수벌'이라고 바꿔 부르게 되었다는 설입니다. 확실한 것은 영국에는 여왕벌이란 드론이 있었다는 것입니다. 애초에 사격용 비행기에 '여왕벌'이라는 이름은 영국 해군이 붙인 듯합니다. 어느 영국 해군 관계자였는지 여왕이 마음에 안 들었는지도 모르겠습니다.

▶ 영국 해군의 사격 연습용 드론 DH-82B Queen Bee입니다. 날아다니는 과녁인데 사람이 탈 수 없었으니 드론으로 딱 적당한 임무였을 겁니다.
출처 위키백과(www.wikipedia.org)

02. 드론과 테슬라 그리고 마를린 먼로

드론이란 명칭의 기원을 찾다보니 1935년까지 거슬러 올라갔는데, 그렇다면 무인기의 기원은 어디서부터 시작되었는지 궁금해집니다. 가장 오래된 기록으로는 1849년 오스트리아에서 베니스를 공격하는 데 폭탄을 설치한 열기구를 사용했다는 것입니다. 이 열기구에 사람 대신 폭탄이 탔으니 UAV 기준을 만족합니다. 하지만 사람이 안 타는 것으로 따지면 630년경에 김유신이 불 붙여 날린 연도 있었으니까 원조에는 연연하지 않아야겠습니다.

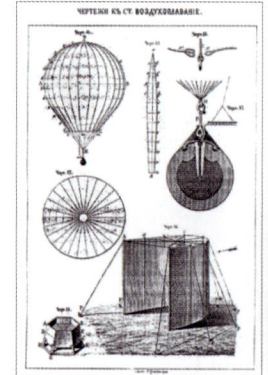
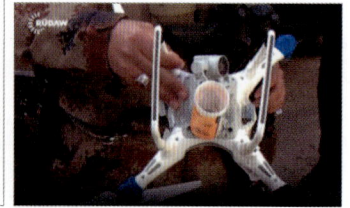

▶ 폭탄을 설치한 열기구 제작도(좌)와 최근 테러 집단에서 드론에 폭탄을 실은 모습(우)입니다.
출처 ctie.monash.edu(좌)
www.engadget.com(우)

　　무선 통신을 이용해서 조종하는 기술이 나온 시기를 드론의 기원으로 볼 수도 있습니다. 무선 통신은 1887년 헤르츠(Heinrich Hertz)가 맥스웰의 방정식(Maxwell's Equations)전기와 자기의 발생, 전기장과 자기장, 전하 밀도와 전류 밀도의 형성을 나타내는 4개의 편미분 방정식입니다. 맥스웰 방정식은 빛 역시 전자기파의 하나임을 보여줍니다(출처 : 위키백과).을 검증하면서 시작되었습니다. 하지만 무선으로 조종하는 개념은 우리가 사용하는 교류 전기를 개발한 니콜라 테슬라(Nikola Tesla)가 1898년 모형 보트를 무선으로 조종한 기록에서 찾을 수 있습니다. "교류냐, 직류냐"로 에디슨과 사이가 나빴던 것으로 유명한 테슬라는 무선으로 조종하는 무인 비행기의 기본 이론을 만들었습니다. 테슬라는 상상을 초월할 만큼 광범위한 연구를 했는데, 그가 만든 'AC 인덕션 모터'로 자동차를 만들겠다는 계획으로 세워진 자동차 회사가 그 유명한 일론 머스크(Elon Musk)의 '테슬라'입니다. 테슬라의 전기 자동차가 자율주행을 시작한 것을 보면 니콜라 테슬라가 테슬라 사에 미치는 영향이 크긴 큰가 봅니다.

▶ 니콜라 테슬라의 무선 조종 보트(좌)와 테슬라 모터로 달리는 테슬라 자동차(우)입니다. 자율주행이 가능한 테슬라 자동차는 사람이 안 타면 드론 UGV라고 우길 수 있습니다.
출처 ctie.monash.edu(좌)
static.pexels.com(우)

이후 1913년 미국 로렌스 스페리(Lawrence Sperry)가 자동 조종 비행 장치를 발명하고, 1918년 미국에서 80km를 날아간 후에 폭발하는 무인 항공기 케터링 버그(Kettering Bug)가 만들어지는 등 초기의 드론은 오롯이 전쟁을 목적으로 연구되고 만들어지기 시작했습니다. 무인 자폭 드론인 케터링 버그는 1차 세계대전이 끝나서 사용도 못한 것이 다행이라면 다행일까요?

▲ 1918년에는 무인 자폭 드론인 케터링 버그(좌)가 있었고, 1945년에는 유인 자폭 비행기인 가미카제(우)가 있었습니다.
출처 위키백과(www.wikipedia.org)

드론의 역사에 가슴 아픈 이야기만 있는 것은 아닙니다. 1921년 메시지를 전달하는 최초의 무선 비행기 스페리 메신저(Sperry Messenger)가 있었습니다. 하지만 다시 2차 세계대전이 시작되고 미국에서 하늘을 나는 사격 연습용 과녁으로 라디오플레인(Radioplanes)이 대량으로 생산되었습니다. 전쟁을 목적으로 하는 드론의 생산이 다시 시작된 거죠. 1939년에 대량 생산된 라디오플레인은 모두 14,891대가 만들어졌다고 기록되어 있습니다. 당시 라디오플레인 생산 라인에서 일하던 '노르마 진 베이커' 양은 훗날 한 시대를 풍미하던 여배우 '마를린 먼로'가 됩니다.

▲ 라디오플레인을 만들던 마를린 먼로의 리즈 시절 모습입니다.
출처 위키백과(www.wikipedia.org)

이후 드론의 역사는 1994년 미국 RQ-1 프레데터가 첫 비행을 할 때까지 슬픈 전쟁의 역사와 함께 합니다. 그리고는 2010년 프랑스 패럿(Parrot)에서 스마트폰으로 조종할 수 있는 드론인 'AR 드론'을 소개하면서 개인이 취미로 조종할 수 있는 드론의 시대가 열립니다.

03. 다 빈치와 쿼드콥터

역사에서 살펴본 드론은 우리가 알고 있는 드론과는 사뭇 다른 모습입니다. 아무리 꼼꼼히 흑백사진을 바라봐도 그냥 비행기와 달라 보이지 않습니다. 드론이라면 모름지기 헬리콥터가 가진 프로펠러를 2개 이상은 가지고 있어야 하니까요. 그래서 프로펠러가 4개인 드론을 '4'라는 뜻의 쿼드(Quad)를 붙여 '쿼드콥터'라고 부르기도 합니다. 그럼 우리에게 익숙한 프로펠러를 가진 드론의 역사는 어디서부터 시작했을까요? 많은 분이 동감하겠지만 모나리자를 그린 레오나르도 다 빈치의 헬리콥터입니다.

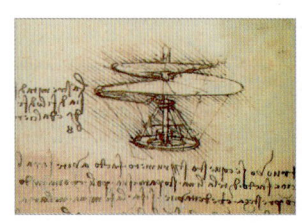 

▲ 이대로 만든다고 정말 날아오를 것 같지는 않지만 날개도 정립되지 않은 시절에 회전익에 대한 생각을 했다니 다 빈치는 정말 대단한 사람인 듯합니다. 출처 위키백과(www.wikipedia.org)   ▲ 최초의 동축반전 헬기입니다. 출처 위키백과

지금도 드론에 사용하는 구조인 동축반전 프로펠러 헬기(Co-axial propeller)프로펠러의 반발력을 억제하기 위해 2개가 서로 다른 방향으로 도는 헬기입니다.는 1861년에 만들어졌습니다. 우리가 알고 있는 프로펠러를 가진 드론 기술의 역사는 상당히 오래되었습니다. 그럼 4개의 프로펠러로 나는 지금의 쿼드콥터의 형태는 언제 처음으로 등장했을까요? 최근에야 등장했을 것 같았던 쿼드콥터는 1921년에 처음 소개되었습니다.

▶ 최초의 쿼드콥터입니다. 무게가 1.8톤이나 되지만 180hp(말 180마리의 힘)로 비행에 성공합니다.
출처 위키백과(www.wikipedia.org)

프로펠러를 가진 지금의 모습 덕분에 드론은 길었던 전쟁 기록과 조금은 다른 모습으로 발전하게 됩니다. 드론이 전쟁을 위한 이름이었음을 버리게 된 것은 2013년 후쿠시마 원전 폭발 사고였습니다. 쓰나미로 폐허가 된 지역에서, 인간이 들어갈 수 없는 높은 방사능을 이기고 현장에 접근할 수 있었던 것은 바로 드론뿐이었기 때문입니다. 이륙을 위한 특별한 공간이 필요 없고 컴퓨터로 제어되는 비행을 하는 동안 조종사는 다른 임무를 할 수 있기 때문에 이때부터 드론은 본격적으로 산업계에서 관심을 받기 시작합니다.

군사용으로 사용되는 첨단 기술의 가격이 낮아지면 산업계가 사용하고 그보다 가격이 더 낮아지면 장난감이 됩니다. 그래서 AR 드론을 기점으로 취미용 드론의 시대도 열리게 되었습니다. 레저용 촬영 드론을 만드는 DJI는 2015년 패스트 컴퍼니가 선정한 50대 글로벌 혁신 기업에 이름을 올리면서 드론계에서 독보적인 자리에 오르기도 합니다.

이제 드론은 더 다양하고 더 많은 기능으로 우리 곁에 다가오고 있습니다. 셀카를 찍기 편하도록 주머니에 쏙 들어가는 드론이 소개되기도 하고 초기 드론처럼 프로펠러 대신 날개로 비행하는 드론이 다시 주목을 받기도 합니다. 아예 사람이 타지 않는다는 UAV의 개념을 넘어 사람을 태우는 드론이 등장하기도 했습니다.

▲ 패럿의 드론 디스코는 옛날의 드론처럼 고정익 형태를 하고 있습니다.
출처 www.parrot.com

▲ EHANG184는 사람이 운전하지 않습니다. UAV는 아니지만 자동 조종의 힘으로 드론의 개념을 확장하고 있습니다.
출처 www.ehang.com/ehang184

드론 전문가, 역사 전문가, 전쟁 전문가 그리고 엔지니어들과 함께 둘러앉아 며칠이고 이야기를 계속할 수 있을 법한 드론 이야기는 여기까지 살펴봅니다.

Lesson 02
드론 활용은 어디까지 가능할까

도로를 달리는 자동차에는 여러 종류가 있습니다. 국산 자동차는 당연히 많고 수입 자동차도 이제는 흔히 만납니다. 이렇게 많은 자동차를 살펴보고 있으면 일상에서 사람들을 이동시켜 줄 목적으로 달리는 차가 가장 많음을 알 수 있습니다. 승용차나 버스처럼 말이죠. 하지만 소방차나 건설 현장에서 사용되는 특수한 목적의 자동차도 있습니다. 다만 이들은 도로에 자주 보이지 않기 때문에 존재를 잊을 때가 많습니다.

드론도 마찬가지입니다. DJI나 패럿의 드론처럼 취미로 날리는 드론 외에도 목적이 특별한 드론이 더 많습니다. 하늘에서 그렇게 자주 볼 수 없기 때문에 잊고 있을 뿐이지만요. 드론을 잘 이해하려면 드론을 어떻게 분류하고, 드론이 할 수 있는 일에는 어떤 것들이 있는지 살펴보아야 하지 않을까요?

01. 드론의 분류 방법

드론을 분류하는 방법에는 여러 가지가 있습니다. 크기나 무게로 구분하거나 프로펠러가 3개인 트라이콥터인가, 4개인 쿼드콥터인가 하는 것처럼 비행 원리와 구조에 따라 구분할 수도 있습니다. 드론을 어디에서 사용하는지로 구분하기도 합니다. 그 중에서 드론을 용도에 따라 구분하는 것은 의미있는 일입니다. 그 용도가 바로 드론이 세상을 바꾸어 가는 방향이 되기 때문입니다.

드론이 어떤 일을 할 수 있는지 그 용도를 찾기 위해 간단히 '드론'이라고 검색해 보기만 해도 어떤 곳에 활용되었는지 금방 알 수 있습니다. 드론 같이 전에 없던 물건이 어디에 활용되었다는 것만으로도 뉴스가 되기 때문입니다. 지금도 새로운 활용 사례가 계속 소개되고 있지만 크게 분류해 본다면 군사용, 산업용, 학술용, 레저용으로 나뉘게 됩니다. 위키백과에서 검색해 보면 드론이 '감시용, 연구개발용, 촬영용, 범죄수사용, 물류용, 통신용' 등으로 사용되고 있다고 전합니다. 하지만 세상을 바꾸기까지는 아직 걸음마 단계인 드론에게 이런 식의 분류는 우리의 상상력을 별로 자극하지 못합니다.

▶ 카메라를 단 드론만 보인다고 세상에 모든 드론이 카메라를 달아야 한다는 법은 없습니다.
출처 www.motorgraph.com

그래서 지금까지 드론의 용도를 모두 포함하지만, 여러분의 상상력에 자유를 줄 새로운 방법으로 드론을 분류해 볼까 합니다. 다음처럼 3가지로 말입니다.

❶ 세상을 바라보는 드론
❷ 시선을 끄는 드론
❸ 물건을 나르는 드론

02. 세상을 바라보는 드론

드론이 사람들의 관심을 사로잡은 가장 큰 이유는 드론을 이용하면 우리가 갈 수 없는 곳에 쉽게 갈 수 있기 때문입니다. 접근할 수 없는 곳에 대신 갈 수 있다면 어떤 것을 보내는 것이 좋을까요? 물론, '나'를 보내는 것이 가장 좋겠지만 그렇지 못한다면 오감 중 가장 많은 비중을 차지하는 시각을 우선 보내는 것이 좋을 겁니다. 그렇게 세상을 바라보는 용도의 드론이 등장합니다. 가장 대표적인 드론이 카메라를 장착한 헬리캠, 즉 촬영용 드론입니다.

새로운 각도에서 전에 없던 화면을 만들어 주는 촬영용 드론은 이미 영상 산업에 혁신을 가져왔습니다. 그리고 다른 산업계에서도 꾸준히 새로운 활용법이 소개되고 있습니다.

▶ 드론은 에어버스 항공기의 기체에 결함이 있는지 살펴보는 일을 대신합니다.
출처 인텔 뉴스룸(newsroom.intel.com)

하늘에서의 촬영은 생각보다 많은 정보를 얻을 수 있습니다. 군사용으로 사용되는 정찰용 드론은 차치하더라도 특정 빛을 감지하는 카메라를 이용해서 그 지역의 식물군이나 환경 오염 정도를 분석하는 데 사용하기도 합니다.

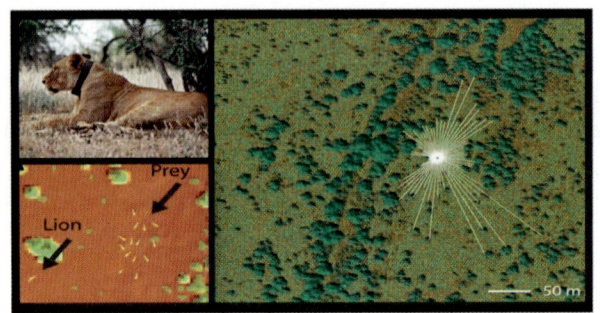

▶ 드론으로 동물의 행동을 연구하기도 합니다. 사자의 이동 경로를 분석해 봤을 뿐인데 우리가 모르던 사자의 은밀한 사생활을 발견하기도 합니다. 빈둥거리기만 하는 것으로 알려진 수사자도 사냥을 한다는 사실을 말이죠.
출처 www.ted.com

3D 카메라를 설치한다면 지형의 변화뿐 아니라 붕괴 위험이 있는 건물을 관리하고, 심지어 눈에 보이지 않던 잃어버린 유적지를 발견할 수도 있습니다.

▶ 드론을 이용하여 지형을 분석해서 눈에 보이지 않던 잃어버린 페루의 문명을 찾았습니다.
출처 www.ted.com

이런 특별한 기능이 있는 드론은 우리 생활과는 거리가 있어 그다지 만날 일이 없을 듯합니다. 하지만 빈집을 둘러보거나 어두운 밤길을 순찰하는 드론이라면 가까운 미래에 흔히 보게 되지 않을까요?

▶ 집안을 비행하면서 감시하는 방범 드론입니다. 감시할 집의 품격에 맞춰 고급스러운 외관은 필수입니다.
출처 www.cardinal.space

직접 보기 어렵거나 눈에 보이지 않는 것을 봐야 한다면 이제 드론이 있습니다. 우리가 보지 못한 장소가 아직 많듯이 세상을 바라보는 드론의 종류는 그 수만큼 많아질 겁니다.

03. 시선을 끄는 드론

하늘에 반짝이는 별이 우리의 상상력을 끝없이 자극했던 것처럼 하늘에서 반짝이는 드론이 사람의 시선을 끈다는 것은 드론이 세상에 소개되던 때부터 주목받던 기능이었습니다.

▶ LED를 장착한 드론으로 하늘에 그린 초대형 주전자입니다. 비록 긴 시간 동안 촬영한 사진이지만 그래도 시선을 끕니다.
사진 © Gregor Hartl Photography

인텔은 컴퓨터 1대로 얼마나 많은 드론을 한꺼번에 조종할 수 있는지 꾸준히 연구하고 있는데 2017년 슈퍼볼에서 300대의 드론이 밤하늘을 수 놓는 진풍경을 보여 주었습니다.

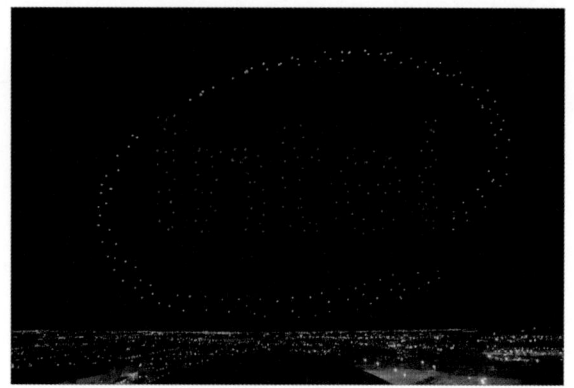

▶ 엄청난 시청률을 자랑하는 미국 슈퍼볼 하프 타임에 300대의 드론으로 연출한 모습입니다.
출처 인텔 뉴스룸(newsroom.intel.com)

꼭 여러 대의 드론으로 LED를 반짝여야만 시선을 끄는 것은 아닙니다. 전혀 있을 법하지 않은 곳에 상품이 진열되어 있다면 무심히 지나칠 수 있는 사람이 있을까요? 드론에 상품을 달아 전시하는 방법도 등장합니다.

▶ 드론에 신상품을 달아 날립니다. 살짝 무섭기도 하지만 이 옷을 입으면 날 수도 있을 것 같습니다.
출처 www.core77.com

그래서 드론을 이용한 광고라는 의미로 '드론버타이징(Dronevertising)'이란 말도 생겨났습니다. 시선을 끄는 것 말고 좀 더 기능적인 활용법도 있습니다. 주차장을 안내하는 드론은 주차할 수 있는 빈 공간을 찾아 운전자를 안내해 줍니다. 드론만 따라 가면 고민없이 주차를 할 수 있습니다.

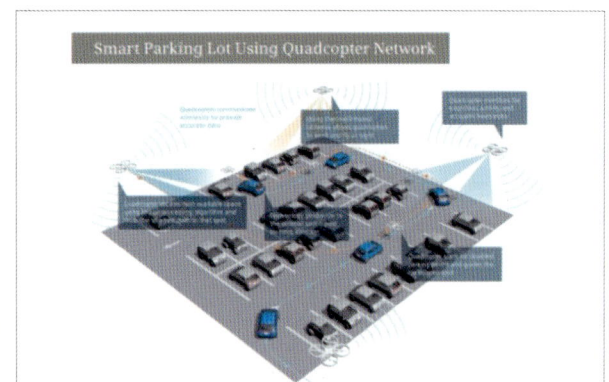

▶ 주차할 때 이제 내가 먼저 본 자리라고 화내지 않아도 됩니다. 드론이 먼저 찜한 자리이기 때문입니다.
인포그래픽 © Siemens

이렇게 길을 안내하는 드론은 복잡한 건물뿐 아니라 재해 현장을 안내하는 데도 빛을 발하지 않을까요?

04. 물건을 나르는 드론

아마존(Amazon)에 이어 알리바바(Alibaba)까지 물건 배달에 드론을 이용하겠다고 나서면서 '배달'이란 키워드는 드론의 가장 인기 있는 뉴스거리 중 하나가 되었습니다. 하지만 안전 문제와 규제에 묶여 생각보다 빨리 상용화되지는 못하고 있으니 우리나라에서 드론 택배를 만나려면 좀 더 많은 고민과 시간이 필요할 것 같습니다. 하지만 드론을 이용해서 물건을 나르는 일은 도로가 아직 갖춰지지 않은 곳에서의 물류 시스템에 획기적인 대안이 될 수 있습니다. 도로가 없어 아무리 긴급한 약품이라도 운송에 1주일 이상 걸리는 아프리카 같은 곳에서 말입니다.

▶ 소형 화물을 수송하는 자동 네트워크 매터넷입니다. 장거리 운송을 위한 드론 충전 스테이션을 이용해서 아프리카 전 지역의 물류망을 새로 만듭니다.
출처 www.ted.com

당장 활용을 기대할 수 있는 수송도 있습니다. 긴급한 물건, 특히 구명 튜브를 보내는 것 같은 응급 상황에서 드론은 최적의 대안이 됩니다.

▲ 구명 튜브(좌)와 응급 의약품(우)을 배달하는 드론입니다. 택배는 조금 늦어도 좋으니 이런 물건부터 보내줬으면 좋겠습니다.
출처 www.wired.co.uk

이렇게 물건을 나르는 드론에 농약 살포기를 설치하면 농업용으로 활용할 수 있고, 화재 소화액을 분무하게 만든다면 소방관이 들어가기 힘든 화재 현장도 효과적으로 진압할 수 있습니다.

조금 더 상상력을 발휘해 볼까요? 드론 그 자체가 배달물이 될 수도 있습니다. 먹을 수 있는 소재로 드론을 만든다면 식량이 필요한 지역으로 드론을 보낼 수 있습니다.

▶ 먹을 수 있는 소재로 만들어진 드론입니다. 아직 콘셉트 단계지만 실용성은 충분해 보입니다.
출처 www.businessinsider.in

아직 드론으로 무엇을 보낼지 정하지 않았다면 일단 팔부터 달아 봅시다. 일본에서 개발된 PD6B-AW-ARM 드론의 집게 팔은 20kg까지 들어올릴 수 있습니다.

▶ PD6B-AW-ARM
　출처 www.businesswire.com

얼마나 무거운 것을 들어야 할지 정하지 않았다면 226kg까지 들어올릴 수 있는 드론이 있다는 것을 참고하기 바랍니다. 노르웨이에서 개발 중인 Griff Aviation은 226kg의 화물을 가지고도 45분이나 비행할 수 있습니다. 헬기가 상용화를 위해 얼마나 효율적으로 화물을 실어 나를 수 있는지 연구되었듯이 드론도 같은 연구가 진행 중입니다.

▶ Griff Aviation
　출처 griffaviation.com/

드론의 용도는 아직 모두 발굴되지 않았습니다. 사실 앞서 분류해 본 세상을 바라보는, 시선을 끄는, 그리고 물건을 나르는 드론도 지금까지 공개된 드론의 용도를 구분하기 위해 나눈 것일 뿐 앞으로는 완전히 새로운 드론이 등장할지도 모릅니다. 드론은 이제 막 첫 페이지를 펼쳤을 뿐인 백과사전입니다.

Lesson 03 드론에 대한 몇 가지 오해

불특정 다수에게 드론 이야기를 꺼내면 제각각의 반응이 나옵니다. '드론'이라는 단어를 처음 들어본 분도 있고 드론이 뭔지는 아는데 "부자들만 가질 수 있는 거 아니냐?" 하고 반문하는 분도 있습니다.

아직까지 많은 분이 드론에 대해 알지 못하거나 잘못된 지식을 갖고 있는 것은 사실인 듯합니다. 따라서 이 절에서는 드론에 대해 사람들이 갖고 있는 대표적인 오해를 해소하는 과정을 통해 드론에 좀 더 가까이 다가가보겠습니다.

01. 드론은 엄청나게 비싸다

가장 대표적인 오해가 아닐까 싶습니다. 드론을 사려고 하면 수 백만 원 이상은 있어야 할 것 같다는 생각을 합니다. 정말 그렇다면 취미 생활에 그렇게 큰돈을 투자하기는 힘들겠죠? 물론 고가의 드론이 없는 것은 아닙니다만, 몇 만 원짜리 드론도 다양하게 있으니 드론을 구매하는 데 있어 가격이 비싸서 구매를 망설이지 않아도 되리라 생각합니다.

<u>컴퓨터나 스마트폰의 가격이 천차만별이듯, 드론의 가격도 성능에 따라 다양합니다.</u> 이런 상황을 고려하지 않고 "드론은 비싸!"라고 결론을 내린다면 억울할 따름입니다.

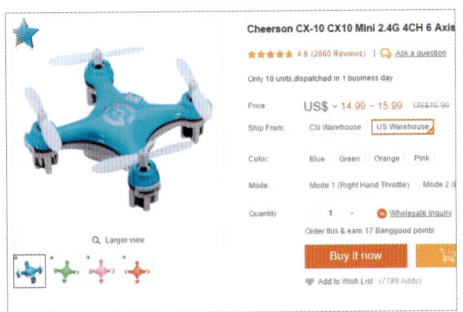
▲ 1만 원짜리 드론인 치어슨 CX-10
출처 www.banggood.com

▲ 4만 원 정도에 구매할 수 있는 시마 X5C
출처 www.banggood.com

02. 드론은 배우기가 매우 어렵다

물론, 드론을 날리려면 충분한 연습이 필요합니다. 하지만 연습이 필요 없는 분야를 찾기가 더 힘듭니다. 예를 들어, 자전거 타기를 배워도 몇 번을 넘어져야 하고, 하다못해 요즘 유행하는 온라인 게임을 잘하려고 해도 게임 판수가 좀 쌓여야 함께 하는 이들에게 욕을 안 먹는 게 현실입니다. 그런데 드론에 대한 공포심은 유달리 심한 것 같습니다. 기초부터 한 발씩 차근차근 드론을 연습한다면 그렇게 어렵지 않습니다.

드론이 인기를 얻기 전부터 많은 사랑을 받았던 RC 헬기와 비교한다면, 드론 조종은 '누워서 떡 먹기' 수준으로 쉽습니다. RC 헬기의 경우는 커다란 메인 로터가 출력을 담당하고 프로펠러의 방향을 조종함으로써 기체의 움직임이 결정됩니다. 출력을 내는 부분이 한 점에 집중되어 있기 때문에, 아주 섬세한 조종 실력이 필요합니다. 조종을 약간만 삐끗해도 조종자의 생각보다 훨씬 많이, 그리고 빠르게 움직이기 때문입니다. 그래서 RC 헬기의 경우 호버링을 익히는 데만 해도 오랜 시간이 걸립니다.

반면 드론의 경우에는 쿼드콥터를 기준으로 4개의 로터(프로펠러)가 존재합니다. 따라서 출력을 내는 부분이 분산되어 있어 RC 헬기보다 훨씬 안정적입니다. GPS 센서가 없는 토이급 드론도 하루 30분씩 1주일만 투자하면 어느 정도 날릴 수 있습니다. 오토 호버링 기능을 제공하는 고급형 드론은 훨씬 쉽게 익힐 수 있습니다.

게다가 요즘에는 조종이 간편한 드론이 많이 출시되어, 기계에 익숙하지 않은 사람들도 쉽게 비행을 즐길 수 있게 되었습니다. 스마트폰에서 원터치로 모든 조작을 다 할 수 있는 드론이 있는가 하면, 아예 조작 자체가 필요 없는 드론도 있습니다.

03. 드론은 굉장히 위험하다

2015년 9월을 전후하여 드론 관련 사고 사례가 언론에 보도되면서 '드론은 굉장히 위험한 물건'이라는 인식이 생겼습니다. 이러한 선입견이 생긴 이유는 사실 드론 사용자들의 책임도 있습니다. 대부분의 드론 사고는 안전수칙을 지키지 않아 발생하기 때문입니다. 다음의 몇 가지 사항만 잘 지켜도 드론을 안전하게 즐길 수 있습니다.

❶ **사람이 많은 곳에서는 날리지 않는다**

사고가 발생했다고 가정합시다. 이 경우 드론만 고장났다면 별 문제가 되지 않습니다. 비용이 좀 들더라도 드론을 고치거나 새로 구매하면 되기 때문입니다. 하지만 사람이 다쳐서는 안 되므로 사람이 많은 곳에서는 절대 드론을 날리지 말기 바랍니다.

❷ **바람이 많이 불면 날리지 않는다**

드론은 바람에 취약합니다. 가벼운 드론은 말할 것도 없고 묵직한 전문가용 드론이라고 해도 강풍 앞에서는 무력하기 이를 데 없습니다. 따라서 바람이 심상치 않다고 느끼면 그냥 집에서 쉬는 것이 상책입니다.

❸ **시야 밖으로 날리지 않는다**

우리 인간은 전지전능하지 않으므로 모든 상황을 우리 마음대로 통제할 수 없습니다. 따라서 돌풍이나 새떼의 공격 등 다양한 돌발상황에 대처하려면 드론이 우리 눈에 보여야 합니다. 안전을 생각한다면 절대 드론을 보이지 않는 곳까지 멀리 날려서는 안 됩니다.

물론, 드론이 전혀 위험하지 않다는 이야기는 아닙니다. 빠른 속도로 회전하는 드론의 프로펠러는 분명 위협적입니다. 하지만 안전수칙을 철저하게 지킨다면 드론으로 인한 사고를 충분히 예방할 수 있습니다.

04. 드론은 쓸모가 없다

"드론? 그거 그냥 애들 장난감이잖아?"

드론에 대해 꽤 많은 사람이 위와 같은 생각을 하고 있습니다. 하지만 그들의 생각보다 드론은 쓸모가 많습니다. 그 대표적인 용도는 역시 사진이나 영상을 촬영하는 것입니다. 초창기에는 카메라가 달린 드론을 조종하며 촬영하는 정도였지만, 최근에는 드론을 조종할 필요도 없이 알아서 촬영을 해주는 '셀카드론'이 등장할 정도로 기술이 많이 발전했습니다.

그 밖에 농약을 살포하는 농업용 드론, 물고기를 낚는 낚시용 드론, 야생동물의 생태를 관찰하는 연구용 드론 등 드론의 용도는 더욱 다양합니다. 특히 아마존을 비롯한 세계 유수의 유통업체들은 드론을 택배에 활용하기 위해 동분서주하고 있습니다. 최근에는 웨어러블(wearable) 기술과 드론을 접목하자는 아이디어도 등장하는 상황이니 드론의 용도는 더욱 확대될 전망입니다.

▲ 농약 살포용 드론 출처 huins.com

▲ 택배 드론의 모습

Lesson 04 드론의 매력에 빠지는 명장면 BEST 10

드론을 이해하고 드론의 매력을 느끼는 방법에는 여러 가지가 있습니다. 지금처럼 책을 통해서일 수도 있고, 드론 동호회에 가입하여 직접 드론을 날려보는 방법도 있습니다. 그렇지만 이 절에서 소개하는 것처럼 드론의 화려한 영상에 '취향 저격'을 당해서 드론의 매력에 빠진 경우도 많습니다.

박진감 넘치는 레이싱 드론이든, 혹은 고화질의 촬영용 드론이든, 오직 드론만이 보여줄 수 있는 '영상(View)'이 있습니다. 여기서는 드론이 만들어낸 환상적인 장면 중에서도 특출나게 멋진 10가지 장면을 선정해서 소개합니다. 이 영상을 통해 여러분들도 드론의 매력에 흠뻑 빠지길 바랍니다.

01. 차푸의 묘기 – https://youtu.be/DQj1Vg0A_So

카를로스 퓌에르톨라(Carlos Puertolas)는 본명보다 '차푸(Charpu)'라는 닉네임으로 훨씬 잘 알려져 있는 드론 레이싱 선수입니다. 드론 쪽에서는 세계적인 스타라고 할 수 있습니다. 차푸의 유튜브 채널인 'CHARPU FPV'는 구독자 수가 7만9천 명에 육박할 정도로 유명합니다. https://youtu.be/DQj1Vg0A_So로 접속하면 바로 그 차푸가 선보인 묘기를 볼 수 있습니다. 좁디좁아 보이는 울타리 틈을 멋지게 한 번에 통과하더니, 방향을 바꿔 다시 울타리로 돌진합니다. 실력은 물론이거니와 담력도 어마어마합니다.

▶ 차푸의 묘기

02. 코너링의 정석 – https://youtu.be/u6s5144AYO8

'코너링(Cornering)'은 자동차, 자전거, 심지어 달리기에 이르기까지 숙련도의 척도라고 볼 수 있습니다. 코너링의 포인트는 속도를 줄이지 않으면서 부드럽게 도는 것입니다. 물론 드론도 예외가 아닐 겁니다. 이 영상은 코너링의 정석을 보여줍니다. 동심원에 가까운 라인을 타면서 선회하는 드론을 보고 있으면 감탄사가 절로 나옵니다.

▶ 코너링의 정석

03. 나무 사이를 통과하는 드론 – https://youtu.be/F3KuA8w5gTQ

빠른 속도로 비행하는 드론 1대가 나무 사이를 순식간에 통과합니다. 그 자체만으로도 대단한데, 통과하면서 360도 회전 비행까지 선보입니다. 이 영상의 주인공 또한 차푸입니다.

▶ 나무 사이를 통과하는 드론

04. 차 안에서 조종하는 드론 – https://youtu.be/oQkOoqHm7O8

차 안에서 드론을 조종하는 건 그렇게 대단한 일이 아닙니다. 겨울철에 추위를 피해 그렇게 하는 분도 많습니다. 그렇지만 차가 도로 위를 쌩쌩 달리고 있는 상황이라면 이야기는 많이 달라집니다. 세상은 넓고 별난 사람이 많다는 사실을 확인할 수 있는 영상입니다. 그래도 이렇게 드론을 날리는 것은 위험하니 따라하지는 말기 바랍니다.

▶ 차 안에서 조종하는 드론

05. 해발 6,500m의 모습을 담은 드론 – https://youtu.be/vblRNDs91Y0

네팔의 시가지와 산악 지역을 촬영한 영상입니다. 보고 있으면 그 장엄하고도 아름다운 풍광 덕에 심신이 차분해지는 기분이 듭니다. 가능하면 고화질로 감상하기 바랍니다.

▶ 해발 6,500m의 모습을 담은 드론

06. 스피드를 뽐내는 드론 – https://youtu.be/ga9f8gbH3AM

대식가들 사이에서 불문율로 여겨지는 법칙이 '단짠단짠'입니다. 단 음식을 먹으면 짭짤한 게 생각나고, 짭짤하게 먹고 나면 달콤한 디저트가 필수이기 때문에 많이 먹을 수밖에 없다는 뜻입니다. 이 법칙을 따르면 네팔의 풍경 다음 순서에는 자극적인 영상이 필요합니다. 이 영상에서는 코스를 통과하며 스피드를 뽐내는 드론의 모습을 볼 수 있습니다.

▶ 스피드를 뽐내는 드론

07. 강태공이 된 팬텀 – https://youtu.be/U5Ho897tbrM

팬텀(Phantom)뒤에서 설명하겠지만 팬텀은 DJI에서 출시한 드론의 한 종류입니다.의 매력은 훌륭한 가성비와 멋진 디자인, 뛰어난 카메라 성능입니다. 여기에 하나를 더 추가하면, 뛰어난 낚시 실력을 꼽을 수 있습니다. 수천 년간 유지한 낚싯대의 위상을 심각하게 위협하는 팬텀의 모습을 볼 수 있습니다. 물고기가 작아서 잘 안 보인다면 전체 영상으로 확인하기 바랍니다.

▶ 강태공이 된 팬텀

08. 우리 집이 넓다면 해보고 싶은 일 – https://youtu.be/zwiqpD45TvA

미국의 드론 레이싱 선수인 스틸 데이비스(Steele Davis)의 명성은 차푸 못지않습니다. 데이비스가 로마에서 아주 멋들어진 장면을 연출했는데, 이 연출을 통해 실내 비행도 실외 비행만큼 화려할 수 있다는 걸 증명했습니다. 물론 함부로 따라했다간 이혼 서류를 받을 수도 있으니 눈으로만 감상하기 바랍니다.

▶ 우리 집이 넓다면 해보고 싶은 일

09. 우주로 간 드론 – https://youtu.be/rpBnurznFio

앞서 달리는 차 안에서 드론을 조종하는 영상을 봤을 때 혹시 '뭐 저런 사람이 다 있을까?'

라고 생각했을지도 모르겠습니다. 하지만 아래 영상을 본다면 그 정도는 약과라는 사실을 알게 될 겁니다. 드론으로 우주를 촬영했기 때문입니다. 글라이더 형태의 드론을 커다란 풍선에 넣어 하늘로 띄운 것입니다. 이 상상력 넘치는 프로젝트의 전체 과정도 영상을 통해 확인할 수 있습니다.

▶ 우주로 간 드론

10. 프리스타일 세계 챔피언의 품격 – https://youtu.be/Umt5pzJORnE

두바이에서 열린 '월드 드론 프리(World Drone Prix)'의 프리스타일 부문에서 당당히 우승을 차지한 대한민국의 김민찬 선수가 있습니다. 대회 당시 13살이란 나이가 무색하게 실수 한 번 없는 완벽한 경기력을 선보였는데, 유튜브에 공개된 대회 영상이 화제입니다. 세계 챔피언의 화려한 기술을 감상하기 바랍니다.

▶ 프리스타일 세계 챔피언의 품격

Part 02

드론의 종류와 구매 노하우

자동차의 목적은 "사람들이 원하는 곳으로 빠르고 편하게 이동시켜 주는 수단" 정도로 정의할 수 있습니다. 하지만 이런 단순한 목적과 달리 자동차에는 가격대별, 제조사별로 수없이 많은 모델이 나와 있습니다.

단순하게 정의한 자동차의 목적과 달리 어떤 사람들은 자동차를 이동 수단이 아니라 각자가 필요로 하는 다른 목적으로 정의하기 때문일 겁니다. 드론도 마찬가지입니다. 각자가 필요로 하는 드론의 목적과 수단이 다르기 때문에 수없이 많은 드론에 대해서 가격대별로 나누어 그 특징을 아는 것은 매우 중요한 일입니다.

Chapter 02
드론 왕초보를 위한 기초 상식

언젠가 영어를 가르치는 한 선생님으로부터 들은 얘기입니다. 영어 초보자를 대상으로 온라인 강좌를 개설하면 많은 학생이 그 강좌를 수강한다고 합니다. 그런데 막상 오프라인 강좌를 개설하면 학생들이 거의 수강하지 않아서 애를 먹는다고 합니다. 왜 그럴까 가만히 생각해보니, 온라인에서는 초보자라는 티가 나지 않지만 오프라인에서는 불가피하게 초보자라는 것을 밝힐 수밖에 없어서 그랬던 것 같다고 유추합니다.

이 책을 선택한 여러분들은 어떨지 모르겠습니다. 지금 당장은 초보자임을 당당하게 인정하고, 앞으로 상급자가 된 후에 초보 때의 기억을 추억으로 만들 수 있지 않을까요? 2장을 통해서 초보자들의 가장 궁금해하는 내용이 무엇이고 인기있는 드론에는 어떤 것들이 있는지 파악할 수 있습니다.

Lesson 05 네이버 지식인 드론 질문 BEST 8

아나드론스타팅의 자유게시판 등 드론 관련 사이트를 통해 들어오는 질문은 답변하기가 굉장히 어렵습니다. 드론에 대해 어느 정도 지식을 갖춘 분들이 질문하기 때문입니다. 그래서 드론에 대한 공부를 더한 후 답변을 하거나 다른 고수분들에게 '토스(toss)' 하는 경우가 많습니다.

하지만 네이버 같은 포털 사이트는 상황이 좀 다릅니다. 질문하는 분들이 이제 막 드론에 관심을 갖기 시작했기 때문입니다. 이 책의 대상이 '초심자' 아니겠습니까? 그래서 그들을 위해서 '네이버 지식인 드론 질문 BEST 8'을 마련했습니다. 이 질문을 통해서 드론에 대한 궁금증을 해결하는 데 도움이 되었으면 합니다.

01. 드론의 가격은 얼마 정도 하나요

5만 원짜리도 있고 500만 원짜리도 있어요!

"드론이 얼마냐?"는 질문은 "휴대전화가 얼마냐?"는 질문과 똑같습니다. 천차만별입니다. 5만 원이 채 안 되는 드론도 있고, 수백만 원짜리 제품도 있습니다. 본인이 원하는 수준의 성능이 어느 정도냐에 따라 가격이 결정됩니다. 한 가지 확실한 사실은, '조종하기 쉽고 오래 날 수 있으며 고화질 카메라를 갖춘 10만 원 미만의 드론'은 없다는 것입니다. 드론의 성능이 뛰어날수록 가격도 당연히 비쌉니다. 드론을 구매할 때는 '가격의 상한선/성능의 하한선'을 미리 정해놔야 합니다.

02. 첫 드론으로는 뭘 사야 하나요

X5C나 H12C를 사면 좋습니다.

아마 가장 많은 분이 고민하는 부분일 겁니다. 보통 시마 X5 시리즈나 JJRC H12C 정도를 추천하는 편인데, 여기에는 다음과 같은 이유가 있기 때문입니다.

▲ 입문용 드론의 대명사 시마 X5C
출처 symatoys.com

▲ 또 다른 입문 드론 JJRC H12C
출처 www.rcgroups.com

❶ 부담없는 가격

입문용 드론으로 추천받는 드론의 경우 대부분 10만 원 미만입니다. 아무래도 첫 드론의 경우 조종 미숙으로 인한 사고 확률이 높기 때문에 너무 비싼 모델은 적당하지 않습니다. 사고 시 금전적 손실이 너무 크니까요.

❷ 적당한 크기

드론의 크기가 너무 클 경우 조종 실수 한 번이 대형사고로 연결될 수 있습니다. 너무 작은 드론은 조종이 극도로 어렵습니다. 그래서 크지도 작지도 않은 드론이 첫 드론에 적합합니다.

❸ RC 조종기 사용

최근 스마트폰으로 조종하는 드론이 많이 나오고 있습니다. 이런 드론은 초보자도 쉽게 조종할 수 있지만 단점도 있습니다. 결국 고급 기체로 넘어간다면 RC 조종기를 쓰게 되기 때문에 조종을 다시 배워야 합니다. 입문용 드론으로 유명한 제품은 대부분 RC 조종기를 사용합니다. 조종법을 미리 익혀 놓으면 나중에 비싼 드론으로 '갈아탈 때' 유리합니다.

❹ 노센서 드론

팬텀 같은 고급 드론은 GNSS(Global Navigation Satellite System)나 사진 인식 등의 첨단 기술을 동원해 오토 호버링을 구현합니다. 고도 유지가 저절로 되기 때문에 조종하기 쉬운 반면 X5C나 H12C는 오토 호버링이 되지 않습니다. 드론을 안정적으로 띄우는 데만 해도 많은 연습이 필요합니다.

자, 이제 팬텀만 조종해 본 사람이 X5C를 날릴 때와 X5C로 입문한 사람이 팬텀을 날리는 모습을 상상해 봅시다. 답은 뻔합니다. 전자는 당황할 것이고 후자는 편안함을 느낄 겁니다. 특히 위기 대처 능력에서 많은 차이가 납니다. 운전면허도 이왕이면 2종보단 1종이 낫듯이 드론 입문도 다소 어려운 기종이 좋습니다.

위 4가지 조건을 만족하는 드론이라면 일단 입문용 드론으로 적합하다고 볼 수 있습니다. 물론 나중 일에는 별 관심 없고 당장 편하게 드론을 날리고 싶은 분이라면 이런 조건들에 집착할 필요는 없습니다.

03. 드론은 어디서 사나요

인터넷 쇼핑몰, 대형마트, 해외 사이트 등에서 구매할 수 있습니다.

요즘은 정말 드론을 쉽게 살 수 있습니다. 드론 전문 매장은 물론, 인터넷 쇼핑몰에서도 팔고 대형마트에서도 팝니다. 심지어 길거리의 뽑기 기계에도 드론이 있을 정도입니다. 따라서 드론을 어디서 사냐고 물을 때의 요지는, 어디서 사야 싸게 살 수 있냐는 것일 겁니다.

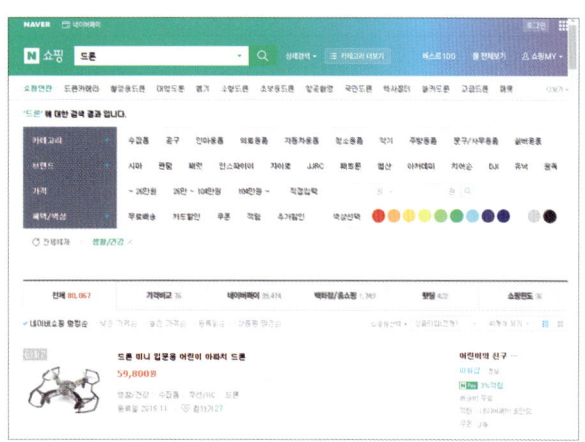

▶ 네이버 쇼핑에서 '드론'을 검색한 결과
출처 shopping.naver.com

국산품이라면 신경 쓸 필요가 없겠지만, 대부분의 취미용 드론은 해외에서 만든 제품입니다. 기본적으로는 해외직구가 쌉니다. 다만 관세를 따져봐야 하는데, 미국에서 구매한 물건은 200달러, 그 외 국가에서 구매한 물건은 150달러까지만 면세가 됩니다. 참고로 해외에서 한국으로 물건을 보내는 배송료는 200달러/150달러 산정 기준에 포함되지 않습니다. 만약 직구 금액이 200달러/150달러를 초과할 경우에는 약 18%의 관부가세(관세 8%, 부가세 10%)가 붙습니다. 따라서 고가의 드론은 차라리 정식 수입품을 사는 편이 좋을 수 있습니다. 가격 차이도 크지 않으면서, 물건을 바로 받을 수 있고, A/S도 제공받을 수 있기 때문입니다.

최근에는 저가 드론 중에서도 국내에 정식으로 수입된 제품이 늘면서 해외직구와 가격 차이가 거의 없는 제품도 있습니다. 잘 알려진 모델을 사려고 하는 경우에는 국내 가격을 먼저 확인하고 해외직구 가격을 비교해보는 것도 좋겠습니다.

04. 카메라 화질은 어느 정도여야 쓸 만한가요

1080p 이상의 화질이 좋고 짐벌은 필수입니다.

흔한 질문이지만 굉장히 답변하기 어려운 질문이기도 합니다. '쓸 만하다'의 기준이 사람마다 다르기 때문인데, TV에 나오는 공중 촬영 영상 수준을 생각한다면 최소 팬텀 3 이상은 생각해야 합니다. 거듭 강조하지만 '최소치'가 그 정도입니다.

▶ 팬텀 3 스탠다드의 카메라   출처 dji.com/kr

이렇게 얘기하면 '에이, 그 정도를 원하진 않아요'라고 얘기할지 모르겠습니다. 하지만 화질 720p 이하에 짐벌도 없는 저가형 드론으로 찍은 영상을 보면 정말 형편없는 경우가 많습니다. 요즘은 TV든 컴퓨터든 웬만한 영상은 적어도 FHD(Full HD) 이상급 수준입니다.

우리의 눈은 이미 그런 영상에 익숙해져 있습니다.

그럭저럭 볼 만한 영상을 얻으려면 최소한 2축 짐벌이라도 있어야 하며, 카메라 화질은 1080p 이상이어야 합니다. 문제는 짐벌이나 고화질 카메라가 비싼 부품이라는 데 있습니다. 안타까운 현실입니다. 실제로 촬영용 드론의 가격이 부담스러워서 CX-20 같은 중급 기체를 선택하는 분들이 있는데, 카메라 구매하고 짐벌 장착하고 하다 보면 처음 생각했던 비용을 훌쩍 넘는 경우가 다반사입니다.

05. 우리 동네에서 드론을 날릴 수 있나요

비행금지구역인지를 확인해야 합니다.

드론을 마음 편히 날릴 수 있는 곳은 생각보다 많지 않습니다. 해당 공역이 비행금지구역이나 비행제한구역이 아니어야 합니다. 이 부분은 한국드론협회와 국토교통부가 공동 개발한 스마트폰 앱인 '레디 투 플라이(Ready To Fly)'에서 확인할 수 있습니다. 만약, 드론을 날리려는 지역이 비행금지구역이나 비행제한구역에 해당된다면 지방항공청이나 국방부의 사전 승인을 받아야 합니다.

다행히 비행금지구역을 피했다고 할지라도 사람이 많은 곳에서는 비행이 불가능합니다. 많은 분이 공원이나 학교 운동장 등에서 드론을 날리는데, 사람이 많을 경우에는 절대 드론을 날리면 안 됩니다. 어떤 경우에라도 안전이 최우선입니다. 다만 실내 비행의 경우에는 제한이 전혀 없습니다. 집안이든 체육관이든 말입니다. 다만 공간이 좁은 만큼 안전에 더 신경을 써야 합니다.

▶ 드론을 날리기 전에는 비행금지구역인지의 여부를 반드시 확인해야 합니다.

06. 드론은 어떻게 충전하나요

전용 충전기 또는 USB 케이블을 활용하면 됩니다. 의외로 많이 받는 질문입니다. 크게 2가지 경우로 나눌 수 있습니다.

❶ 기본 구성품에 전용 충전기가 들어 있는 경우

생각할 필요가 없습니다. 그냥 전용 충전기에 연결해서 충전하면 됩니다.

❷ 기본 구성품에 전용 충전기가 없는 경우

이 경우 USB 케이블이 포함되어 있을 겁니다. USB 케이블의 한쪽은 드론에, 나머지 한쪽은 컴퓨터나 휴대전화 충전기에 연결하면 됩니다. 보통 휴대전화 충전기가 더 빨리 충전되는데, 기종에 따라 휴대전화 충전기로 충전했을 때 배터리 수명이 짧아지거나 USB 잭이 녹아 버리는 일이 생길 수 있습니다. 휴대전화 충전기로 충전해도 괜찮은지 미리 검색해서 알아 봐야 합니다.

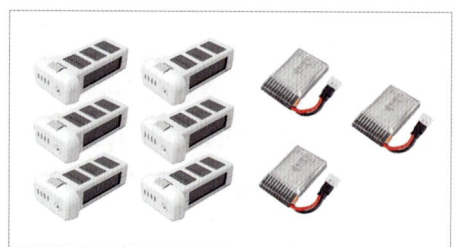

▶ 다양한 형태의 드론 배터리

07. 프로펠러가 돌긴하는데 날지 않아요

프로펠러를 제대로 끼웠는지를 확인해야 합니다.

99% 확률로 프로펠러 방향이 잘못된 겁니다. 매뉴얼을 보고 제대로 된 방향으로 끼워 주면 됩니다.

▶ 프로펠러를 잘못 끼우면 날지 못하는 드론

08. A/S는 어떻게 받나요

정식 수입품은 구매처에서, 해외직구한 경우에는 사설업체에서 받을 수 있습니다.

드론을 구매한 경로에 따라 달라집니다. 정식 수입업체를 통해 구매했을 경우 해당 업체 쪽에서 A/S를 진행하는 경우가 있습니다. '경우가 있다'는 것은 A/S를 제공하지 않을 수도 있다는 의미입니다. 구매할 때 꼭 확인해야 할 부분입니다. 해외직구나 구매대행을 이용했다면 정식 A/S는 어렵습니다. 이 경우 사설업체를 이용해야 하는데, 드론의 인기가 높아지면서 드론 수리 업체도 많이 생긴 상황입니다. 당장 포털 사이트에서 '드론 수리'로 검색만 해봐도 쉽게 업체를 찾을 수 있습니다.

간단한 고장의 경우 자가 수리를 택하는 분도 많습니다. 복잡한 구조로 되어 있는 고급 기종은 어렵겠지만, 토이급 드론의 경우 납땜 정도만 할 줄 알면 수리가 가능합니다. 드론 커뮤니티나 유튜브 등을 찾아보면 수리 요령도 확인할 수 있습니다.

Lesson 06
드론, 스펙으로 읽는다

이제 드론의 사양, 다른 말로 스펙을 알아볼 차례입니다. 자동차를 구매할 때에도 배기량이나 차 크기 등의 스펙을 알아보듯이 드론을 구매할 경우에도 기본 스펙에 대해서 확인해 보는 것이 필요합니다. 그런데 분명 이런 생각을 해 본 독자도 있을 겁니다.

'스펙! 봐도 뭐가 뭔지 잘 모르겠는데 어쩌라는 거지?'

그래서 준비했습니다. "드론, 스펙으로 읽는다!" 스펙에 나와 있는 정보들이 무엇이고, 그 정보들을 통해 무엇을 알 수 있는지 하나씩 알아보겠습니다.

01. 크기

드론의 크기는 보통 모터축의 대각선 길이를 밀리미터(mm) 단위로 표시합니다. 크기가 갖는 의미는 2가지로 정리할 수 있습니다.

❶ 크기가 작을수록 휴대가 간편하다.
❷ 크기가 클수록 비행 안정성이 높다.

드론의 크기가 팬텀급 이상이 되면 별도의 가방 없이 가지고 다니기가 힘듭니다. 운반성에 문제가 생기는 겁니다. 반대로 너무 작은 드론의 경우 조종이 어렵다는 이유 등으로 초보자에게는 좋지 않은 선택이 될 수 있습니다. 본인의 취향이나 실력, 드론의 사용 목적에 따라 알맞은 크기를 갖춘 드론을 구매해야 하는데, 표를 통해 간략하게 정리하겠습니다.

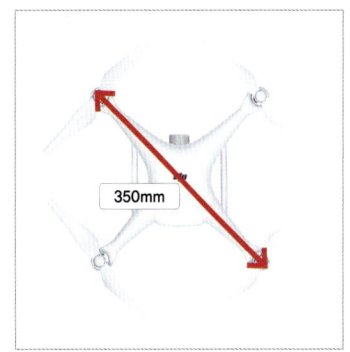

▶ 모터축의 대각선 길이를 밀리미터(mm)로 표시하는 드론의 크기
출처 dji.com/kr

크기	구분	대표 모델
50mm 내외	초소형	CX-10
130mm 내외	소형	X4 H107C+
250mm 내외	중형	X5C
350mm 내외	대형	팬텀 4
600mm 내외	초대형	인스파이어 1

크기의 경우 프롭가드 유무, 프로펠러 크기 등에 따라 확연하게 바뀔 수 있는 부분입니다. 제조사에 따라서 스펙 표기 방식이 다르니 구매할 때 꼼꼼하게 확인해야 합니다.

02. 주파수

대부분의 드론은 2.4GHz의 주파수를 사용합니다. 그리고 우리가 가장 보편적으로 사용하는 와이파이의 주파수도 2.4GHz입니다. 물론, 5.8GHz의 주파수 대역을 사용하는 드론도 있습니다. 주파수 대역이 높을 경우 신호의 감도가 더 좋고, 대부분의 와이파이가 2.4GHz 주파수를 사용하므로 전파 간섭 여지가 줄어듭니다. 하지만 수신 거리가 짧아지고 장애물에 취약하다는 단점이 있습니다. 중요한 것은 주파수 자체보다 드론을 날리는 곳의 전파 방해가 어느 정도 수준이냐 하는 문제입니다. 대도시의 경우 시골보다 전파 간섭이 심하다는 것이 정설입니다.

▶ 대부분 2.4GHz의 주파수를 사용하는 드론의 조종기　출처 symatoys.com

03. 배터리

대부분의 드론은 리튬 폴리머 배터리를 사용합니다. 영문 스펙에 'Li-Po'라고 기재되어 있으면 리튬 폴리머 배터리를 사용했음을 뜻합니다. 리튬 폴리머 배터리는 같은 리튬 계열인 리튬 이온 배터리에 비해서 안정성이 뛰어나며, 다양한 크기와 모양으로 제조가 가능하고, 에너지 효율도 좋습니다. 따라서 비행을 위해 고출력을 필요로 하는 드론에 적합합니다.

배터리의 스펙은 mAh(밀리암페어시)와 V(볼트), 2가지 형태로 표현됩니다. mAh는 배터리의 용량을 말합니다. 300mAh의 배터리가 있다면, 300mA로 사용했을 때 1시간 동안 버틸 수 있다는 의미입니다. 일반적으로 배터리의 용량이 클수록 오랫동안 비행할 수 있습니다. V는 배터리의 전압입니다. 전압은 드론의 속도와 힘을 결정합니다. 전압이 높을수록 강한 출력을 낼 수 있습니다.

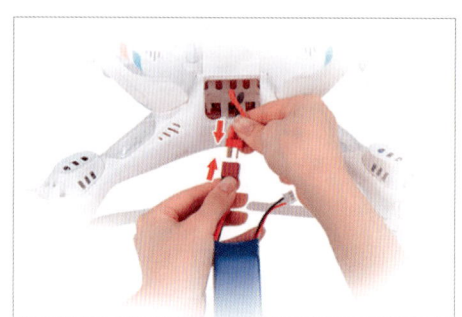

▶ 드론의 배터리를 연결하는 모습　출처 symatoys.com

04. 카메라

드론으로 영상 촬영을 하는 분들이 늘면서, 카메라의 스펙에 대한 관심도 높아지고 있습니다. 기본적으로 카메라의 품질은 화소(픽셀)의 수로 결정됩니다. '화질=픽셀'이라는 등식은 성립하지 않지만(일정 픽셀 이상이면 센서의 성능이 중요해집니다), 픽셀이야말로 가장 비교하기 편한 자료이기 때문입니다. 픽셀은 그림을 구성하는 최소한의 단위인 점입니다.

디지털 기기로 보는 모든 이미지는 아주 작은 점으로 이루어져 있는데, 그것을 픽셀이라고 부릅니다. 픽셀의 수가 많을수록 선명한 이미지를 볼 수 있는 것입니다. 우리가 흔히 '1280×720p' 이상이면 HD 화질이라고 얘기합니다. 이는 화면이 가로 1280개, 세로 720개의 픽셀로 이루어져 있다는 뜻입니다.

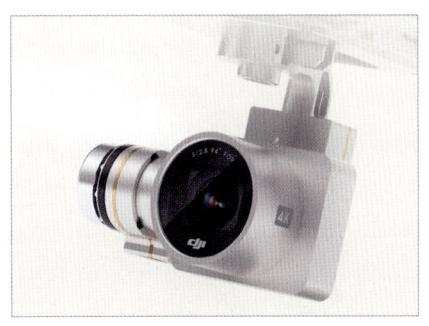

▶ DJI에서 출시한 드론 카메라 출처 dji.com/kr

한 가지 더 봐야 할 것은 FPS(Frame Per Second)라는 단위입니다. FPS는 동영상에서 초당 몇 장의 프레임(화면)이 지나가는지를 보여줍니다. 이 수치가 높을수록 영상이 부드러워집니다. 주요 모델들의 카메라 성능을 살펴볼까요?

픽셀(동영상 기준)	최대 FPS	대표 모델
1280×720(720p)	30	X5C, H8C
1920×1080(1080p)	30	비밥드론 2, 엑스플로러 V
4096×2160(4k)	25	팬텀 4, 인스파이어 1

픽셀수와 FPS를 참고하면 화질을 파악하는 데 도움이 되지만 더 정확한 방법은 유튜브에서 실제 촬영한 영상을 확인하는 겁니다. 토이급 모델의 경우 소위 '뻥스펙'이라고 해서 실제 화질보다 부풀려 기재하는 경우도 많기 때문이죠. 뻥스펙이 아니더라도 모델마다 색감이나 디테일한 선명도에 차이가 있기 때문에 실제 영상을 확인하는 것이 가장 좋습니다.

05. 비행 시간과 조종 거리

일반적으로 드론의 가격이 올라갈수록 비행 시간과 조종 거리가 함께 늘어납니다. 비행을 오래 즐기고 싶다면 추가 배터리를 구매하거나 고가의 드론을 구매하는 것이 좋습니다. 조종 거리는 추가적으로 액세서리(비밥드론의 경우 전용 컨트롤러나 와이파이 신호 확장기 등)를 구매하여 늘릴 수도 있습니다. 애초에 드론을 날릴 장소를 정할 때 전파 간섭이 적은 개활지를 선택하는 것도 좋은 방법입니다.

비행 시간	대표 모델
8분 내외	롤링 스파이더, X5C, 페트론, 도비
10분 내외	비밥드론 1, 브리즈
25분 내외	비밥드론 2, 팬텀 4, 매빅, 인스파이어 2

조종 거리	대표 모델
30m 내외	페트론, CX-10A
50m 내외	X5C, 맘보, 스윙
100m 내외	도비, 브리즈
300m 내외	비밥드론 1(스마트폰 조종)
1km 내외	팬텀 3 스탠다드
2km 내외	비밥드론 1(전용 컨트롤러)
5km 내외	팬텀 3 어드밴스, 팬텀 3 프로페셔널, 인스파이어 1
7km	팬텀 4 프로, 매빅, 인스파이어 2

06. 조종기 모드

조종기 모드에는 '모드 1'과 '모드 2'가 있습니다. 모드 1은 스로틀(드론을 이착륙시키는 조종간)이 오른쪽, 모드 2는 스로틀이 왼쪽에 있습니다. 모드 1은 한국과 일본에서 많이 사용하고, 모드 2는 미국과 유럽에서 많이 사용하던 방식이었습니다. 최근의 드론은 모드 2를 사용하는 경우가 많습니다.

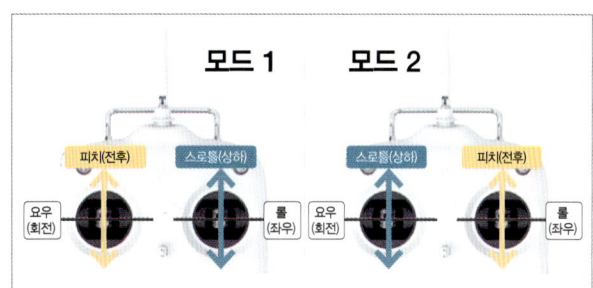

▶ '모드 1'과 '모드 2'로 나누어지는 드론의 조종기

07. 특수 기능

드론에 따라 기본적인 비행 외에 특수 기능을 제공하는 경우가 있는데, 구매할 때 본인의 실력이나 사용 목적에 따라 특수 기능도 자세히 살펴보는 것이 좋습니다. 많은 특수 기능 중 대표적인 몇 가지만 살펴보겠습니다.

❶ **리턴 홈(Return Home)** : 수동으로 조종할 필요 없이 이륙 지점으로 드론이 복귀하는 기능입니다.

❷ **팔로 미(Follow Me)** : 드론이 사용자를 따라오면서 촬영을 하는 기능입니다.

❸ **오토 호버링(Auto Hovering)** : 별다른 조작을 가하지 않아도 자동으로 고도를 유지하는 기능입니다.

❹ **FPV(First Person View)** : 사용자가 드론에 타고 있는 듯한 영상을 실시간으로 볼 수 있는 기능입니다.

▲ 팔로 미 기능을 설명한 이미지   출처 lily.camera

▲ FPV를 연출한 이미지   출처 parrot.com

Lesson 07
최신 인기 드론 BEST 10

요즘 사람들이 가장 많이 사는 인기 드론에는 어떤 것이 있을까요? 아직 어떤 드론을 살 것인지를 선택하지 못한 분들을 돕기 위해서 오픈마켓 등의 온라인 판매량 집계를 통해 드론 판매량 1위부터 10위까지 알아봤습니다. 물론, 인기 있는 드론이 좋은 드론이라고 말할 수는 없지만 그만큼 대중적인 드론이라고 볼 수 있으므로 드론을 구매할 때 참고할 수 있으리라 생각합니다(참고로 온라인 가격 비교 사이트인 '다나와'의 자료를 기준으로 했으며 선정 기간은 2016년 10월~12월까지, 3개월 동안을 기준으로 했습니다).

1위. CX-10 시리즈

치어슨(Cheerson)에서 제조한 초미니 드론의 대명사 CX-10 시리즈가 1위입니다. 귀엽고 깜찍한 디자인을 갖춘 CX-10 시리즈라면 실내에서 부담없이 즐길 수 있습니다. 하지만 조종 난이도가 높다는 점은 감안해야 합니다.

CX-10 시리즈

- CX-10(기본형)
- CX-10A(헤드리스 모드)
- CX-10C(카메라 있음)
- CX-10W(와이파이 FPV)
- CX-10D(고도 유지)
- CX-10WD(와이파이 FPV, 고도 유지)

2위. 시마 X5 시리즈

시마(Syma)에서 제조한 국민드론 시마 X5 시리즈가 2위를 차지했습니다. 이 드론은 가격 대비 비행 성능이 뛰어나고 기체가 튼튼하여 연습용으로 제격입니다. 그리고 사용자가 많아 부품 수급이 쉽다는 장점이 있습니다.

시마 X5 시리즈

- X5(카메라/조종기 없음)
- X5C(기본형, 2MP 카메라)
- X5SC(헤드리스 모드, 2MP 카메라)
- X5HC(고도 유지, 헤드리스 모드, 2MP 카메라)
- X5SW(와이파이 FPV, 헤드리스 모드, 2MP 카메라)
- X5HW(와이파이 FPV, 고도 유지, 헤드리스 모드, HD 카메라)
- X5UW(와이파이 FPV, 고도 유지, 헤드리스 모드, HD 카메라, 자동 이착륙, 플라이트 플랜)

3위. 팬텀 3 시리즈

고화질 카메라를 장착하고 가성비가 뛰어난 팬텀 3 시리즈가 3위를 차지했습니다. DJI에서 제작한 팬텀 3 시리즈는 촬영용 드론 중 최고의 히트작으로, 전문가용으로도 손색없는 카메라와 짐벌을 장착하고 있으며 강력하고 편리한 비행 앱인 'DJI GO'를 지원합니다.

팬텀 3 시리즈

- 팬텀 3 스탠다드(영상화질 2.7K, FPV 720p, 최대 인식 1km, GPS, 비전포지셔닝 미지원)
- 팬텀 3 4K(영상화질 4K, FPV 480p, 최대 인식 1.2km, GPS, 국내 판매 중지)
- 팬텀 3 어드밴스(영상화질 2.7K, FPV 720p, 최대 인식 5km, GPS/GLONASS, 국내 판매 중지)
- 팬텀 3 프로페셔널(영상화질 4K, FPV 720p, 최대 인식 5km, GPS/GLONASS, 국내 판매 중지)

4위. 매빅 프로

DJI에서 만든 매빅 프로가 4위입니다. 슬림한 디자인과 뛰어난 휴대성을 갖춘 매빅 프로는 장애물 회피, 피사체 추적, 제스처 모드 등 편리한 기능을 다양하게 갖추었습니다.

- 매빅 프로
  (4K 카메라, 최대 인식 7km, 장애물 회피, 피사체 추적)

매빅 프로

5위. X8 시리즈

시마에서 제작한 X8 시리즈는 팬텀을 빼닮은 외관으로 유명합니다. 그 체구에 걸맞게 쓸 만한 파워를 갖췄으며 헤드리스 모드, 360도 회전 비행 등의 부가 기능도 포함합니다.

- X8C(기본형, 2MP 카메라)
- X8W(와이파이 FPV)
- X8G(8MP 카메라, 헤드리스 모드)
- X8HC(2MP 카메라, 헤드리스 모드, 고도 유지)
- X8HW(와이파이 FPV, 헤드리스 모드, 고도 유지)
- X8HG(8MP 카메라, 헤드리스 모드, 고도 유지)

X8 시리즈

6위. 팬텀 4 시리즈

DJI의 역작인 팬텀 4는 팬텀 3보다 향상된 비행 안정성을 제공합니다. 팬텀 3의 기능에 더하여 장애물 회피, 피사체 추적 등의 신기한 기능과 28분 이상의 긴 비행 시간을 자랑합니다. 속도를 즐길 수 있는 스포츠 모드는 팬텀 4의 또 다른 매력입니다.

- 팬텀 4(4K 카메라, 2방향 장애물 감지 기능)
- 팬텀 4 어드밴스(1인치 20메가 픽셀 센서 4K 카메라, 2방향 장애물 감지 기능)
- 팬텀 4 프로(1인치 20메가 픽셀 센서 4K 카메라, 5방향 장애물 감지 기능)

팬텀 4 시리즈

7위. 엑자일 드론 3

40여 년 전통의 완구 회사인 아카데미과학에서 제작하고 유통하는 엑자일 드론 3는 동시에 여러 대를 띄워도 혼선 없는 자동 채널 탐색 기능을 보유하고 있으며 2년 무상 A/S가 매력적인 드론입니다.

- 엑자일 드론 3(자동채널탐색기능, 2년 무상 A/S, 모드1 사용)

엑자일 드론 3

8위. JJRC 미니 드론 시리즈

깜찍한 헥사콥터 H20과 치명적 매력을 갖춘 쿼드콥터 H6C가 8위입니다. 크기에 비해 안정적인 비행 성능을 자랑하고 배터리 교체가 가능한 초미니 드론입니다. JJRC에서 만들었습니다.

- H20(기본형, 헤드리스 모드, 리턴 홈)
- H20C(2MP 카메라, 헤드리스 모드, 리턴 홈)
- H20W(와이파이 FPV, 헤드리스 모드, 리턴 홈)
- H6C(헤드리스 모드, 360도 회전 비행, 리턴 홈)

H20와 H6C

공동 9위. X400-V2

MJX에서 제작한 토이급 드론 X400-V2가 공동 9위입니다. X400-V2는 작지만 힘이 좋은 토이급 드론입니다. 3단계 속도 조절로 취향에 맞는 비행이 가능하며 크기 대비 뛰어난 출력을 자랑합니다.

X400-V2

- X400-V2(3단계 속도조절, 크기대비 고출력)

공동 9위. H12C

아는 사람은 다 아는 명품 드론 H12C가 공동 9위를 차지했습니다. 동급 최강의 비행 안정성과 균형이 강점인 H12C는 어지간해서는 고장나지 않을 정도로 튼튼하기 때문에 고급 드론으로 넘어가기 전에 거치는 연습용 드론으로 손에 꼽히는 제품입니다.

H12C

- H12C without camera(카메라 없음, 헤드리스 모드, 리턴 홈)
- H12W(와이파이 FPV, 헤드리스 모드, 리턴 홈)
- H12C(5MP 카메라, 헤드리스 모드, 리턴 홈)

10위. HLB-802

10위는 HLB-802가 차지했습니다. 안전망이 있어 어린이도 쉽고 안전하게 가지고 놀 수 있습니다. 빨간색과 파란색, 2가지 색상으로 구매할 수 있습니다.

HLB-802

- HLB-802(360도 롤링 회전, 안전망)

여기까지, 인기순위 TOP 10을 알아보았는데, 뭔가 빠진 것 같고 아쉽다고요? 네, 저도 그렇습니다. 바로 '그 녀석'이 빠졌기 때문입니다. 워낙 고가의 장비다 보니 오픈마켓보다는 오프라인에서 거래되는 경우가 많아 순위에서 밀려난 듯한데, 아쉽게도 11위에 안착한 '그 녀석'을 번외로 소개합니다.

인스파이어 시리즈

인스파이어 시리즈는 높은 수준의 영상 제작을 위한 전문가급 촬영 드론입니다. 전문적인 영상 촬영을 위한 RAW 촬영, 드론과 카메라를 따로 제어하는 듀얼 조종 기능 뿐 아니라 피사체를 자동으로 추적하며 촬영할 수도 있습니다.

인스파이어 시리즈

- 인스파이어 1 V2.0(4K 카메라, FPV 5km, 카메라 360도 회전)
- 인스파이어 1 프로(4K 카메라, 젠뮤즈 X5, FPV 5km, 카메라 360도 회전, 국내 판매 안 함)
- 인스파이어 1 RAW Dual Remote(4K RAW 비디오, 젠뮤즈 X5R, 듀얼 조종기, FPV 5km, 카메라 360도 회전)
- 인스파이어 2(카메라 미포함, 5.2K@4.2Gbps RAW 동영상 녹화, 7Km, 최대 속도 94km/h, 1080p FPV, 2중 배터리, 스포트라이트, 액티브 트랙, 장애물 회피 기능)
- 인스파이어 2 프리미엄 콤보(5.2K@4.2Gbps RAW 동영상 녹화, 젠뮤즈 X5S 카메라, CinemaDNG 및 Apple ProRes 라이선스 키 포함)

Chapter 03
드론의 종류와 특징

 이쯤되면 수많은 드론 중에서 어떤 것을 사야할지 고민이 생길 겁니다. 저렴하게는 3만 원부터 비싼 건 600만 원대까지 가격대가 다양하기 때문입니다. "비싼 게 더 좋기는 하겠지만 그렇다고 100만 원은 너무 비싸고, 드론은 중국산이 많다는데, 짝퉁을 사서 망가지면 어쩌지?" 등등 여러모로 걱정이 많이 됩니다.
 그러니 드론을 사기 전에 가장 먼저 내가 어떤 드론을 원하는지를 정확히 알아야 합니다. "좋다", "나쁘다", "싸다", "비싸다"는 늘 상대적이기 때문에 나에게 "좋은" 기준을 먼저 정하는 것이 우선입니다. 그럼 기준을 어떻게 정해야 할까요? 그 기준을 정하려면 어떤 제품들이 있는지부터 파악해야 합니다. 초보자도 쉽게 이해할 수 있도록 시중에 나와 있는 드론을 5개의 그룹으로 나눠서 정리하겠습니다. 드론을 구매하기 전에 5개 그룹 중에 내게 맞는 드론이 어떤 드론일지 한 번 찾아보기 바랍니다.

Lesson 08 토이급 드론

드론에 입문하려는 분들이 제일 먼저 관심을 가져야 할 드론은 토이급 드론입니다. 드론을 조종하다가 장애물에 부딪쳐서 기체가 부서져도 비용 부담이 적고 가볍고 출력이 약하므로 부상 염려도 덜합니다.

대형 마트의 완구 코너에서 장난감과 함께 판매되므로 '토이급'이라는 이름을 붙였지만 공중에서 스스로 평형을 유지할 수 있는 등 사실 성능은 일반 장난감을 훌쩍 뛰어넘습니다. 이렇게 할 수 있는 이유는 '자이로 센서(Gyro Sensor)'라는 것이 탑재되어 있기 때문인데, 공중에 떠 있는 기체를 "기우뚱~" 하게 손으로 눌러도 다시 평형상태로 돌아옵니다.

게다가 항공 촬영도 가능합니다. 10만 원대 미만의 가격대에서도 카메라가 장착된 모델이 흔합니다. 단, 화질은 좀 떨어지는 건 알아둬야 합니다. 토이급 제품의 화질 스펙은 대체로 부풀려진 경우가 많으니, 유튜브에서 모델명을 검색해서 실제 화질을 확인해야 합니다.

제품에 따라서는 'FPV(First Person View, 1인칭시점) 조종', 360도 회전 비행, 물방울 발사 등 여러 가지 재미있는 부가 기능도 즐길 수 있습니다. 그러나 피사체 추적, 팔로 미 등의 스마트한 비행은 불가능합니다. 이런 기능을 원한다면 GPS가 장착된 제품을 살펴보는 게 좋습니다.

아래에 토이급 드론에 대해서 정리해두었으니 확인하기 바랍니다.

01. 토이급 드론 요약

- 예산 : 1만5천 원~20만 원
- 비행 거리 : 30m~300m

- 비행 시간 : 5분~10분
- 카메라 : 480p~1080p

02. 부가 기능

- 헤드리스 모드(Headless Mode)
- 360도 회전 비행
- FPV 조종
- 곡예비행, 배틀게임, 드라이브, 물건 옮기기, 총쏘기 등

03. 대형 대표 제품(350mm 내외)

① 시마 X8 시리즈

시마 X8 시리즈

- X8C(기본형, 2MP 카메라)
- X8W(와이파이 FPV)
- X8G(8MP 카메라, 헤드리스 모드)
- X8HC(2MP 카메라, 헤드리스 모드, 고도 유지)
- X8HW(와이파이 FPV, 헤드리스 모드, 고도 유지)
- X8HG(8MP 카메라, 헤드리스 모드, 고도 유지)

04. 중형 대표 제품(250mm 내외)

① 시마 X5 시리즈

시마 X5 시리즈

- X5C(기본형, 2MP 카메라)
- X5(카메라/조종기 없음)
- X5SC(헤드리스 모드, 2MP 카메라)
- X5SW(와이파이 FPV, 헤드리스 모드, 2MP 카메라)
- X5HC(고도 유지, 헤드리스 모드, 2MP 카메라)
- X5HW(와이파이 FPV, 고도 유지, 헤드리스 모드, HD 카메라)
- X5UW(와이파이 FPV, 고도 유지, 헤드리스 모드, HD 카메라, 자동 이착륙, 플라이트 플랜)

② JJRC H12 시리즈

JJRC H12C 시리즈

- H12C without camera(카메라 없음, 헤드리스 모드, 리턴 홈)
- H12W(와이파이 FPV, 헤드리스 모드, 리턴 홈)
- H12C(5MP 카메라, 헤드리스 모드, 리턴 홈)

05. 소형 대표 제품(130mm 내외)

① 에어본 카고

에어본 카고

- 에어본 카고
  (최고속도 18km/h, 블록형 장난감 장착 가능, 스마트폰 조종, 조종기 별매)
- 에어본 나이트
  (최고속도 18km/h, LED 장착, 스마트폰 조종, 조종기 별매)

② 페트론

페트론

- 페트론(배틀게임 가능, 터틀턴, 모션 컨트롤, 오토 호버링, 카메라 별매)
- 페트론 드라이브 키트
  (페트론 액세서리, 페트론에 장착하면 RC카처럼 플레이 가능)
- 페트론 FPV 키트
  (페트론 액세서리, 페트론에 장착하면 FPV 조종 가능, 카메라 포함)

③ 맘보

맘보

- 맘보
  (스마트폰 조종, 곡예비행, 30만 화소 카메라, 대포(Cannon) 장착 시 BB탄 최대 2m까지 타격 가능, 집게(Grabber) 장착 시 4g의 물건(각설탕, 메모 등)을 집어 나를 수 있음)

06. 초소형 대표 제품(50mm 내외)

① 치어슨 CX-10 시리즈

치어슨 CX-10 시리즈

- CX-10(기본형)
- CX-10A(헤드리스 모드)
- CX-10C(카메라 있음)
- CX-10W(와이파이 FPV)
- CX-10D(고도 유지)
- CX-10WD(와이파이 FPV, 고도 유지)

② JJRC H20 시리즈

JJRC H20 시리즈

- H20(기본형, 헤드리스 모드, 리턴 홈)
- H20C(2MP카메라, 헤드리스 모드, 리턴 홈)
- H20W(와이파이 FPV, 헤드리스 모드, 리턴 홈)

Lesson 09 중간급 드론

이 절에서는 중간급 드론을 소개합니다. 비행 성능은 준수하지만 영상 성능은 촬영용 드론에 못미치는 20만 원~50만 원대의 중간 가격대 드론을 중간급 드론이라고 칭하겠습니다. 중간급 드론은 공중에서의 좌표 파악이 가능하기 때문에, 오토 호버링이나 리턴 홈, GPS 기반 경로설정 자동비행 기능 등이 지원됩니다. 요즘은 토이급에서도 오토 호버링이나 리턴 홈이 가능한데, 중간급 드론과 비교하면 성능 차이가 큽니다. 중간급 드론은 GPS 센서, 자이로 센서, 가속도 센서 등을 활용해서 보다 정교하게 위치를 파악하기 때문입니다.

다양한 커스터마이징이 가능하다는 것도 큰 장점입니다. 마음에 드는 액션캠을 골라 달 수 있고, 오픈소스를 활용해 팔로 미 기능을 구현할 수도 있습니다. 중간급 드론 사용자 중에는 용도에 맞게 부품을 직접 구매해서 DIY를 시도하는 분도 많습니다.

그렇다면 개조가 용이한 중간급 드론을 구매해서 좋은 짐벌과 고화질 액션캠을 달면 촬영용 드론과 맞먹는 성능을 내게 되지 않을까요? 답은 "그럴 수 있다"입니다. 하지만 비용을 생각해보면 촬영용 드론을 새로 사는 것보다 더 비쌀지 모릅니다. 그래도 그 과정을 즐기고 싶은 분이라면 강력하게 추천합니다!

01. 중간급 드론 요약

- 예산 : 20만 원~60만 원
- 비행 거리 : 300m~1km
- 비행 시간 : 15분~25분

02. 부가 기능

- 자동 이륙/자동 착륙
- 오토 호버링
- 리턴 홈
- GPS 기반 경로설정 자동비행
- 액션캠 장착 가능
- 오픈소스를 활용한 커스터마이징 가능

03. 대표 제품

- 치어슨 CX-20
- 협산 H501s X4(Standard/Professional)
- XK-X380

▲ 치어슨 CX-20   ▲ 협산 H501s X4   ▲ XK-X380

Lesson 10

촬영용 드론

GPS(Global Positioning System), IMU(Inertial Measurement Unit), LiDAR(Light Detection and Ranging), 짐벌(Gimbal) 등 **첨단 센서기술이 결합된 60만 원~200만 원대 촬영용 드론은 가장 많은 사용자가 선호하는 급입니다.** TV에서나 볼 수 있던 고화질 항공 영상을 내 손으로 직접 촬영하고, 강과 숲 위를 날면서 진짜 파일럿이 된 듯한 기분을 느낄 수 있기 때문입니다.

촬영용 드론 정도가 되면 조종기에서 손을 놓아도 공중에서 스스로 제자리를 유지합니다. 뿐만 아니라 수 km까지 드론을 멀리 날려 TV 방송급 영상을 촬영할 수도 있습니다. 2015년 하반기부터는 여기에 자동비행과 자동촬영 기능이 더해져, 조종을 전혀 배우지 않아도 날릴 수 있는 드론들이 출시되었습니다. 또 자동으로 나를 따라오고 내가 프레임 중심에 잡히도록 알아서 촬영각도를 조종하는 다양한 '셀카드론'도 만날 수 있습니다.

01. 촬영용 드론 요약

- 예산 : 60만 원~200만 원
- 비행 거리 : 1km~7km
- 비행 시간 : 20분~30분
- 카메라 : 1080p~4K(4096×2160) TV급 영상을 촬영할 수 있다는 의미입니다. TV에 나오는 영상이 보통 1080p나 1080i 정도 됩니다.

02. 부가 기능

- 자동 이륙/자동 착륙
- 오토 호버링
- 리턴 홈
- GPS 기반 경로설정 자동비행
- 스마트폰 조종
- 유튜브 실시간 공유
- 촬영 후 바로 편집
- 팔로 미
- 다양한 자동 촬영 모드 : 궤도 촬영, 케이블 촬영, 셀프 촬영 등

03. 대표 제품

- DJI 팬텀 4 어드밴스
- DJI 매빅 프로
- 패럿 비밥드론 2

▲ DJI 팬텀 4 어드밴스　　　▲ DJI 매빅 프로　　　▲ 패럿 비밥드론 2

- 유닉 타이푼 H
- 샤오미 미드론 4K
- 고프로 카르마

▲ 유닉 타이푼 H　　　▲ 샤오미 미드론 4K　　　▲ 고프로 카르마

 셀카용 미니 드론

최근에는 적당한 카메라에 휴대성을 극대화한 셀카용 미니 드론이 잇달아 출시되고 있는 추세입니다. 촬영품질이나 비행성능은 일반적인 촬영용 드론보다 떨어지지만 가볍고 조종이 쉬워 누구나 접근하기 좋습니다. 가격대도 일반적인 촬영용 드론보다 저렴합니다. 대표적인 제품은 다음과 같습니다.

▲ 유닉 브리즈　　　▲ 제로테크 도비　　　▲ DJI 스파크

Lesson 11
전문가급 촬영 드론

영상 촬영 전문가들이 주로 사용하지만 일반 사용자라도 자금의 여유가 있다면 200만 원 이상의 전문가급 촬영 드론을 선택해볼 만합니다.

전문가급 촬영 드론의 성능이 얼마나 좋은지 궁금하죠? 의외로 일반적인 촬영용 드론과 큰 차이는 없습니다. 전반적으로 드론의 스펙이 업그레이드되면서 성능 차이가 크게 좁혀졌기 때문입니다. 하지만 가격 차이는 여전히 2배 정도가 납니다. 그럼에도 전문가급 촬영 드론을 사는 이유는 무엇일까요?

"전문가급 촬영 드론을 사는 이유는 한마디로 람보르기니를 사는 이유와 같다고 할 수 있습니다."

한마디로 '폼'이 난다고나 할까요? 기능은 촬영용 드론과 비슷하지만 몸집이 좀 더 크고 디자인과 디테일 면에서는 훨씬 우월합니다. 전문가급의 대표 모델 중 하나인 '인스파이어 1'을 기준으로 설명하면, 일반적인 드론 크기가 250mm~350mm인데 비해, 인스파이어 1은 600mm 정도됩니다. 기체가 크다 보니 바람에 더 잘 견디고 기체가 멀어져도 더 잘 보이는 장점이 있습니다.

그리고 몸체 소재는 플라스틱이 아닌 탄소섬유로 만들어져 훨씬 고급스럽습니다. 가장 멋진 건 이륙할 때입니다. 접혀진 다리를 펴면서 마치 트랜스포머 로봇처럼 변신하기 때문입니다. 그렇다면 전문가들도 단지 '폼' 때문에 고가의 기체를 선호하는 것일까요? 그런 것만은 아닙니다. 전문가급 드론에서만 볼 수 있는 고품질 영상 포맷과 대용량 영상 처리 시스템, 듀얼조종 시스템 등은 높은 수준의 영상을 제작할 때 빛을 발합니다. 촬영한 영상을 압축하지 않은 상태로 저장하면 색감을 보정하거나 특수효과를 추가할 때 용이합니다. 또한 360도 회전하는 짐벌이나, 90km/h에 달하는 빠른 속도는 영상표현의 자유도를 높여주기도 합니다. 일례로, 인스파이어 2가 출시되었을 때, 전문가들은 공중에서 빠른 속도로 내리꽂는 영상을 촬영할 수 있게 되었다며 환호하기도 했습니다.

01. 전문가급 촬영 드론 요약

- 예산 : 200만 원~1000만 원
- 비행 거리 / 비행 시간 : 5km~7km / 15분~27분
- 카메라 : 1080p~5.2k

02. 부가 기능

- 트랜스포머 디자인
- 듀얼조종 모드
- 광학줌 카메라 장착 가능
- RAW 포맷 영상 처리 가능
- 360도 회전 짐벌
- 팔로 미

03. 대표 제품

- DJI 인스파이어 1
- DJI 인스파이어 2
- 유닉 토네이도 H920 플러스

▲ DJI 인스파이어 1

▲ DJI 인스파이어 2

▲ 유닉 토네이도 H920 플러스

Lesson 12 레이싱 드론

드론을 날리면서 조종에 재미를 느끼는 사람들은 자연스럽게 FPV 조종이 가능한 드론을 찾습니다. 그리고 더 좋은 조종기를 찾게 되고, 그 다음에는 더 빠른 드론을 구매하고, 마지막에는 고글까지 완비하면서 완성에 이르게 됩니다.

레이싱 드론은 '완제품(RTF, Ready To Fly)'을 구매하기도 하지만, 각 부품을 구매하거나 직접 조립하는 것이 일반적입니다. 즉, 일반적인 스펙을 거론하긴 어렵다는 의미입니다. 보통은 속도가 빠를수록(최대 시속 150km/h 이상), 제어가 잘 될수록, 움직일 수 있는 방향(채널)이 많을수록, 영상송출이 끊기지 않고 지연이 없을수록 좋은 기종으로 평가받습니다.

하지만 레이싱 드론은 초보자에게 가장 진입 장벽이 높은 영역입니다. FPV 조종 화면을 보면서 능숙한 조종을 하기까지는 상당한 연습이 필요할 뿐만 아니라 기본적인 전자적 이해, 납땜스킬, 충분한 시간, 인내, 그리고 자금이 필요하기 때문입니다. 최근에는 '방구석' 레이싱이라는 이름으로 실내에서 즐길 수 있는 미니 레이싱 드론이 인기를 끌고 있습니다. 그래서 레이싱에 관심이 있는 분들은 성능 좋은 레이싱 드론을 사기 전에 저렴한 미니 레이싱 드론으로 먼저 살짝 맛보기를 한 후에 천천히 배워나가는 경우가 많습니다.

01. 레이싱 드론 요약

- 예산 : 10만 원~150만 원
- 스펙 : 카메라, 조종 거리, 바람저항력, 채널 수, 속도 등은 어떻게 조립하느냐에 따라 큰 차이가 있습니다.

02. 대표 제품

미니 레이싱 드론

- 호라이즌하비 인덕트릭스 FPV
- Eachine QX90

▲ 호라이즌하비 인덕트릭스 FPV   ▲ Eachine QX90

레이싱 드론

- Eachine Racer 250
- Walkera Runner 250

▲ Eachine Racer 250   ▲ Walkera Runner 250

- Lumenier QAV250-G10
- ImmersionRC Vortex 250 PRO

▲ Lumenier QAV250-G10   ▲ ImmersionRC Vortex 250 PRO

Lesson 13
가격대별 드론 총정리

앞서 종류별로 드론을 살펴보면서 여러분들이 관심을 가지고 있는 드론이 어떤 것인지 대략적으로 감을 잡았으리라 생각합니다. 이제는 한꺼번에 살펴볼 차례입니다. 현재 출시된 80여 종의 드론을 총망라해서 가격대별로 한눈에 알아볼 수 있도록 정리했습니다.

> **TIP 드론의 가격 산정 기준**
>
> ❶ 배송비+관부가세 포함가격 기준(2017년 4월)입니다.
> ❷ 가격은 환율변동과 할인정책에 따라 변동될 수 있습니다.
> ❸ 관부가세는 관세 8%, 부가세 10%로 단순하게 적용했습니다.
> ❹ 제조사/총판/대리점 공식 쇼핑몰, 가격 비교 사이트, 해외직구 사이트 중 가격이 낮은 곳을 기준으로 하되, 가격차가 크지 않은 경우 공식 쇼핑몰을 우선 반영했습니다.

3만 원 미만

이미지	이름	설명
	포켓드론	조종기 안에 드론이 쏙 들어갈 정도의 크기로, 조종기를 통한 드론 충전도 가능합니다. 휴대성을 극대화한 아이디어가 돋보이는 드론입니다.
	H8 mini	손바닥만한 미니 드론에 날렵한 움직임과 360도 회전 비행 기능으로 비행의 재미를 더했습니다. 다른 초미니 드론과 달리 배터리 교체도 가능한 것이 장점입니다.

이미지	이름	설명
	CX-10A	명실상부한 초미니 드론의 대명사입니다. CX-10 시리즈의 대표 모델로, 헤드리스 모드가 있어 앞뒤를 구분할 필요가 없는 것이 장점입니다. `베스트셀러`
	E010	인덕트릭스를 닮은 핫한 짝퉁 드론입니다. 출력은 약하지만 저렴한 비용으로 실내 레이싱을 한 번쯤 맛보고 싶다면 추천합니다. 단, 카메라는 따로 구매하여 장착해야 합니다. `HIT`
	H20	저렴한 토이급 미니 드론이지만 헥사콥터입니다. 안정적인 성능과 유니크한 디자인으로 꾸준히 사랑을 받고 있는 드론입니다. `HIT`
	CX-10D	초미니 드론은 조종이 어렵다는 편견을 깨트린 드론입니다. CX-10에 고도 유지 기능을 더해 조종이 쉬워졌습니다.
	H98	날렵한 토이 드론을 원하는 분들을 위한 드론입니다. 사용자들 사이에서 '손맛'을 인정받은 드론으로, H8 mini와 조종기가 호환되는 것은 덤입니다.

3만 원 ~ 5만 원

이미지	이름	설명
	H12C	국민드론으로 불리는 시마 X5C의 아성에 도전하는 JJRC의 대표 모델입니다. 더 큰 배터리, 더 먼 거리, 더 좋은 카메라로 승부합니다. `HIT`
	512V	'심쿵'할 정도로 앙증맞은 드론으로, 비밥드론의 닮은 꼴입니다. 무게가 20g 정도밖에 나가지 않지만, 30만 화소 카메라로 촬영할 수 있습니다.
	H31	물에 빠뜨리고, 프로펠러를 자르는 극한 테스트에도 결코 굴하지 않는 잡초 같은 드론입니다.

이미지	이름	설명
	X12S	국민드론으로 유명한 시마에서 만든 초미니 드론입니다. CX-10 시리즈보다는 약간 크고 H8 mini 시리즈보다 작은 중간 크기의 드론입니다.
	X5C	몇 년째 국민드론의 자리를 굳건히 지키고 있는 건 다 그만한 이유가 있습니다. 초보자 입문용으로 적합한, 가성비 좋은 대표 토이급 드론입니다. `베스트셀러` `가성비`
	HLB-802	어린이도 쉽고 안전하게 갖고 놀 수 있는 안전한 미니 드론입니다. 보호망을 보고 있으면 마음이 놓입니다.
	TK110HW	인민 매빅이라 불리는 토이급 폴딩 드론입니다. 네 개의 팔을 접으면 작은 가방에 넣고 다닐 수 있을 정도로 크기가 줄어듭니다. `HOT`
	H37 Elfie	도비와 닮은 외모의 토이급 폴딩 드론입니다. 여성 사용자를 위해 핑크색으로도 출시했습니다.
	X5HW	FPV 버전의 국민드론 X5SW에 고도 유지 기능이 추가된 드론입니다. X5SW보다 크기가 조금 더 큽니다.

5만 원 ~ 7만 원

이미지	이름	설명
	CX-33C	트라이콥터 형태에 프로펠러 6개로 시선을 끄는 드론입니다. 유니크한 외형을 사랑하는 분들을 위한 드론입니다.
	X4 H107C+	토이급 드론에서 디자인이 예쁜 드론으로 평가받는 드론입니다. 아담한 크기에 비행 성능도 좋습니다.

이미지	이름	설명
	페트론	합리적인 가격에 터틀 턴, 모션 컨트롤, 오토 호버링으로 무장한 바이로봇의 역작입니다. 드라이브 키트(별매)와 FPV 키트(별매)를 붙여 다양한 재미를 누릴 수 있습니다. HOT
	X101	주인을 쏘아보는 듯한 디자인이 인상적인 드론입니다. 덩치도 크고 힘도 좋지만 가격은 저렴한 대표적인 토이급 FPV 드론입니다.
	X8C	국민드론인 X5C의 큰 버전입니다. 실외 비행을 주력으로 한다면 크고 힘 좋은 이 드론이 제격입니다.

7만 원 ~ 10만 원

이미지	이름	설명
	QX90 (ARF/BNF)	인덕트릭스와 함께 실내 레이싱용으로 높은 인기를 누린 미니 레이싱 드론입니다. 작은 몸집에 강한 출력, 조종기 호환성도 좋은 드론입니다. HIT
	X5UW	자동 이륙과 자동 착륙, 플라이트 플랜이 추가된 시마 X5 시리즈의 신제품입니다. 완전히 새로워진 디자인도 관전 포인트입니다.
	Q333-C	꿈의 드론 인스파이어와 도플갱어 수준으로 닮은 토이급 드론입니다. 놀랍게도 랜딩기어까지 똑같이 움직입니다. HOT
	Q202	어벤저스의 헬리 캐리어를 닮은 드론입니다. 육, 해, 공을 가리지 않고 성능을 내는 드론입니다.
	509G	유닉의 Q500을 꼭 빼닮은 저렴한 FPV 드론입니다. 기압계식 고도유지 기능과 리턴 홈 기능까지 갖춘 가성비 좋은 제품입니다. 가성비

이미지	이름	설명
	인덕트릭스 (RTF)	실내에서 날려도 걱정없는 가드가 매력적인 드론입니다. 카메라와의 단순 합체로 방구석 레이싱 붐을 일으킨 드론입니다.
	에어본 카고	나만의 레고 피규어와 함께 비행하는 즐거움이 있습니다. 에어본 카고는 기체 위쪽에 블록을 끼울 수 있는 공간이 있어 블록형 장난감을 장착하고 비행할 수 있습니다.

10만 원 ~ 15만 원

이미지	이름	설명
	롤링스파이더	수많은 카피캣이 있었지만 벽을 타고 오르는 드론의 원조는 바로 이 롤링스파이더입니다. 쉬운 조종과 귀여운 외관으로 남녀노소 모두에게 인기 만점인 드론입니다. HIT
	Aerix VIDIUS HD	세계에서 가장 작은 FPV 드론입니다. HD화질에 고글도 사용할 수 있지만 가격이 비쌉니다.
	X8G	크고 힘이 좋으면서, 카메라 성능도 좋은 토이급 드론을 원한다면 고려해볼 만한 드론입니다. 토이급 치고는 화질이 꽤 괜찮습니다. HIT
	드론파이터 기본 패키지	국산 드론의 자존심입니다. 적외선 미사일로 비행 배틀을 즐겨볼 수 있습니다. 가상의 아이템까지 사용할 수 있다는 점은 큰 매력입니다.
	하이드로포일	물 위에서도 거침없이 다니는 드론입니다. 에어보트를 탈부착하여 하늘에서도, 물 위에서도 다닐 수 있습니다. 이 드론과 함께 여름 물놀이를 해도 좋습니다.
	에어본 나이트	빛나는 LED로 무장한 미니 드론입니다. 어둠 속도 두렵지 않지만 '실외' 야간 비행은 불법이므로 주의해야 합니다.

이미지	이름	설명
	셀플라이	휴대폰 케이스에 붙여 다닐 수 있는 드론입니다. 2018년 1월 개최 예정인 CES에서 정식으로 출시될 예정입니다. HIT
	점핑나이트	어두운 곳도 문제 없는 LED 조명을 탑재했습니다. 비행을 하지는 못해도 자유로운 코너링에 뛰어난 점프력을 갖춘 드론입니다.
	점핑레이스	깜찍한 외모에 14km/h의 빠른 주행속도가 장점입니다. 장애물쯤이야 점프로 뛰어넘으면 되니까 날지 못한다고 아쉬워할 필요가 없습니다.
	맘보	이 드론이라면 미니 드론이 360도 회전 비행밖에 못 한다는 편견을 버릴 수 있습니다. 작은 물건을 옮길 수 있고, 대포도 쏠 수 있습니다.

15만 원 ~ 30만 원

이미지	이름	설명
	인덕트릭스 FPV	인덕트릭스와 카메라를 합체하기가 두려운 초보자라면 이 드론처럼 이미 합쳐져 있는 제품을 사면 됩니다.
	스윙	때로는 드론으로, 때로는 비행기로 변합니다. 어디가 위고 어디가 앞인지 헷갈리게 만드는 X자의 독특한 디자인이 특징입니다.
	CX-20	일명 '이공이'라고 불리는 드론입니다. 내 입맛대로 커스터마이징 할 수 있는 뛰어난 확장성이 장점입니다. 액션캠을 가진 분들이 많이 선택하는 드론입니다.
	파워업 FPV	종이비행기를 조종할 수 있다면 어떨까요? 종이비행기를 연상시키는 외관을 갖추었고 FPV로 실시간 영상까지 즐길 수 있습니다.

이미지	이름	설명
	레이서 250	RTF로 판매되어 초보자에게 좋은 레이싱 드론입니다. 입문용으로 많이 추천하는 20만 원대로 즐길 수 있는 저렴한 제품입니다. **HIT** **가성비**
	H501s X4 (Standard)	일명 '오공이'라고 불리는 드론입니다. 20만 원대에 갖출 건 다 갖춘 가성비 좋은 드론이었습니다. 1080p 카메라와 브러시리스 모터까지 갖추었지만 베이더우(중국판 GPS)는 살짝 불안합니다.

30만 원 ~ 50만 원

이미지	이름	설명
	X380	한때 이공이(CX-20)와 함께 가성비 드론으로 떠올랐던 X380입니다. 비행안정성이나 조종 거리는 이공이보다 낫다는 평가를 받았습니다.
	마이크로 드론 3.0 콤보팩	2축 짐벌을 가진 미니 드론으로 크라우드 펀딩에서 큰 인기를 끌었던 제품입니다.
	비밥드론 1	프랑스 회사인 패럿에서 만든 드론답게 독특한 디자인과 좋은 성능으로 팬층이 탄탄한 드론입니다.
	플라이브릭스	레고와 드론이 만났습니다. 레고로 자유롭게 나만의 드론을 만들고, 부서져도 쉽게 조립할 수 있습니다.
	오나고플라이 1 PLUS	전작의 아쉬움을 극복한 오나고플라이의 신제품입니다. 초보자도 쉽게 즐길 수 있는 직관적인 인터페이스가 장점입니다.
	체이스 2K	액션캠과 컨트롤러에 탑재된 모니터 덕분에 가성비로 인기를 끌었습니다. 팬텀의 대체제로 인기였던 제품입니다. 하지만 3축 짐벌보다 안정성이 떨어지는 2축 짐벌이라는 점이 아쉽습니다.

이미지	이름	설명
	에어셀피	스마트폰 뒤에서 쏙 꺼내 간편하게 셀카를 찍을 수 있는 셀카드론입니다. HOT
	도비	집요정 '도비'가 아닙니다. 셀카드론 도비는 팔다리가 착착 접혀 주머니에도 쏙 들어가는 자유로운 미니 셀카드론입니다.
	솔로	액션 카메라의 명가 고프로와 찰떡궁합을 자랑하는 촬영용 드론입니다. 단, 짐벌과 고프로는 별매이니 유의하기 바랍니다. 더 이상 생산되지 않아 희귀템이 되고 있습니다.
	브리즈	유닉에서 출시한 셀카드론입니다. 셀카드론은 화질이 낮아도 괜찮다고 말하는 분들이 있지만 브리즈처럼 최소 4K 정도는 되어야 합니다.

50만 원 ~ 70만 원

이미지	이름	설명
	Runner 250 PRO	조립이 되어 있고, 카메라와 조종기까지 풀세트로 판매하므로 초보자에게 적합한 레이싱 드론입니다. DIY가 두려운 분들에게 추천합니다.
	스파크	DJI 핵심 기술이 전부 담긴 미니 드론입니다. 얼굴인식 이륙, 탭플라이, 액티브트랙, 제스처 인식 등 다양한 자동 비행을 지원합니다. 기존의 미니 드론과 달리 기계식 짐벌을 채택하여 영상 안정성을 크게 높였습니다.
	팬텀 3 스탠다드	듀얼 GNSS나 비전포지셔닝 같은 기능이 빠져 다소 아쉽긴 하지만, 저렴하게 팬텀 3를 즐길 수 있는 제품입니다(2017년 4월 기준으로 팬텀 3 시리즈는 스탠다드만 구매할 수 있습니다).
	비밥드론 2	한층 세련된 외모로 돌아온 비밥드론 2입니다. 팬텀 시리즈에 대항하기에는 카메라의 성능이 다소 아쉽습니다.

이미지	이름	설명
	F210 3D (RTF)	DIY가 무서워 레이싱 드론을 꺼리는 분들을 위해 RTF로 출시된 독특하게 생긴 레이싱 드론입니다.
	아이바오	스마트폰으로 포켓몬고를 즐긴다면, 드론으로도 AR(증강현실) 게임을 즐길 수 있습니다. 이 드론으로 배틀 게임, 장애물 레이싱을 즐길 수 있습니다.
	미드론	샤오미에서 내놓은 첫 번째 드론입니다. 4K 드론을 60만 원에 만날 수 있습니다. `가성비`
	고스트드론 2.0 에어리얼	스마트폰으로 쉽게 조종할 수 있고, 틸트 조종까지 가능해서 누구나 쉽게 즐길 수 있는 드론입니다. 4K의 액션캠은 덤으로 얻을 수 있습니다.

70만 원 ~ 100만 원

이미지	이름	설명
	Q500+	2K 카메라에 핸드 짐벌까지 얻을 수 있습니다. 늘 팬텀과 비교되어 왔던 제품으로, 조종기도 가볍고 기체 속도도 빠르지 않아 초보 촬영자에게는 팬텀보다 나을 수 있다는 평가를 받고 있습니다.
	엑스플로러 V	세련되고 날렵한 디자인으로 주목받았던 드론입니다. 1080p 카메라, 팔로 미, 360도 셀프 촬영 같은 포토 미 기능으로 셀카에 집중한 제품입니다.
	호버카메라	"드론인 듯 드론 아닌 드론 같은 너~" 노트처럼 반으로 접혀 들고 다니기 좋고, 프로펠러도 프레임 안에 들어 있어 안전하기까지 한 셀카드론입니다.
	비밥드론 2 (+전용조종기)	세련된 외모의 비밥드론 2는 카리스마 넘치는 패럿의 스카이 컨트롤러로 조종해줘야 그 매력을 더 느낄 수 있습니다.

이미지	이름	설명
	팬텀 3 어드밴스	전문가가 아니라면 편집하기도 힘든 4K 영상까지는 필요없다며 필요한 것만 갖춘 최고 가성비의 촬영용 드론입니다. 가성비
	팬텀 3 프로페셔널	취미용 드론계에서 4K 카메라를 처음 선보였던 DJI의 혁신작으로 꼽히는 드론입니다. HIT

100만 원 ~ 150만 원

이미지	이름	설명
	Q500 4K	4K의 성능으로 팬텀과 늘 비교당해 왔던 드론입니다. '오백이'라는 애칭과 함께 꾸준히 사랑받아 왔습니다. Q500+와 마찬가지로 핸드 짐벌은 덤입니다.
	카르마	고프로의 야심작입니다. 리콜의 역풍을 딛고 다시 일어선 드론입니다. 이미 고프로를 가지고 있는 사람에게는 최고의 선택이 될 수 있습니다. HOT
	매빅 프로	DJI에는 팬텀만 있는 것이 아니라는 것을 확실히 보여준 2016년 최고의 화제작입니다. 베스트셀러 HIT
	팬텀 4	더 발전할 데가 있나 싶었던 팬텀 3에서 한층 더 끌어올린 기술력을 갖춘 드론입니다. 장애물 회피, 액티브트랙 등 스마트 모드 비행까지 할 수 있습니다.
	타이푼 H	프로펠러 하나쯤은 고장 나도 추락 걱정이 없는 헥사콥터입니다. 360도 회전하는 카메라에 시야 방해의 걱정이 없는 랜딩기어까지 갖추고 있습니다.

150만 원 ~ 200만 원

이미지	이름	설명
	파워에그	달걀을 닮은 독특한 디자인을 갖춘 드론입니다. 4K 카메라와 안전에 집중한 기능들이 장점입니다.
	디스코 FPV	45분이라는 어마어마한 비행시간을 자랑하는 고정익 드론입니다. 다소 커다란 덩치에 놀랄 수 있으니 주의하기 바랍니다.
	카르마 (+히어로 5)	기체뿐 아니라 핸드그립과 짐벌, 최고의 액션캠인 고프로 히어로 5까지 갖춘 드론으로, 구성을 생각하면 결코 비싸지 않습니다. 카메라가 기체 앞쪽에 있어 시야확보도 탁월합니다.
	스타커	눈이 오나, 비가 오나 가리지 않는 강인한 아웃도어 드론입니다. 카메라는 별매라는 것이 함정입니다.
	틸	촬영과 레이싱을 모두 즐기고 싶은 분들을 위한 드론입니다. 최대 시속 112km에 4K 카메라까지 탑재한 괴물 드론이지만 비싼 가격과 짧은 비행 거리라는 아쉬움이 있습니다.
	팬텀 4 어드밴스	팬텀 4의 몸에 팬텀 4 프로 카메라를 달았습니다. 1인치 센서 카메라를 좀 더 저렴하게 이용하고 싶은 분에게 추천합니다.
	팬텀 4 프로	더 다양한 스마트 모드 비행 기능과 1인치 센서를 탑재한 카메라까지 갖췄습니다. 전후좌우 장애물을 감지하는 최고의 촬영용 드론입니다. 베스트셀러 HOT
	엑소 360 4K	드론으로 360도 영상을 촬영하겠다는 새로운 시도로 제작된 드론입니다. VR 촬영을 시도했던 드론 중에는 가장 세련된 외모를 갖고 있는 듯합니다.

200만 원 이상

이미지	이름	설명
	타이푼 H PRO	인텔의 리얼센스를 탑재해 장애물 회피 능력을 향상시킨 하이엔드급 촬영용 드론입니다.
	에어도그	덩치는 크지만 팔이 접혀 휴대성이 좋습니다. 그리고 손목시계처럼 차는 조종기가 매력적입니다. 고프로와 호환이 가능한 액션 스포츠 드론입니다.
	인스파이어 1 V2.0	보다 완벽한 촬영을 위해, 기체와 카메라를 각각 조종하는 듀얼 조종을 할 수 있습니다. 프로펠러가 시야를 막지 않도록 올라가는 랜딩기어, 4K 카메라와 미칠 듯한 비행 안정성을 갖춘 프로슈머를 위한 드론입니다.
	인스파이어 2	명실상부한 최고의 촬영용 드론입니다. 스마트 모드 비행까지 탑재한 전문가급 촬영용 드론으로, 듀얼 배터리, 최대 시속 94km, 게다가 무려 5.2K의 영상을 촬영할 수 있습니다.

Chapter 04
드론 구매하기

4장에서는 드론에 대한 일종의 컨설팅을 합니다. 2장과 3장을 통해서 드론이 무엇인지와 드론의 종류에 대해서 어느 정도 감을 잡은 상태일 겁니다. 그리고 어떤 드론을 살지 마음의 결정을 했을지도 모릅니다. 그렇지만 잠시 그 결정을 미루고 여기서 설명하는 드론의 구매 기준을 한 번 더 확인하기 바랍니다. 드론을 구매하기 전에 꼭 확인해야 할 몇 가지 사항을 파악한다면 드론을 구매했을 때 후회보다는 만족감이 훨씬 높아질 것이기 때문입니다. 즉 "나에게 꼭 필요한 드론은 무엇인가?"에 대해서 한 번 더 확인하는 단계를 밟아야 합니다.

"돌다리도 두드려보라"는 속담처럼 드론을 구매하기 전에 "이 드론이 나에게 적합한가?"를 다시 한 번 확인하고 여러분에게 꼭 필요한 드론을 구매하기 바랍니다.

Lesson 14 드론 구매 전 확인할 몇 가지 사항

앞서 드론의 종류와 특징에 대해서 가격대별로 알아봤으니 이제 그 기준으로 드론을 구매하면 될 듯합니다. 하지만 드론을 구매하기 전에 고려해야 할 또 다른 사항이 있습니다. 어떤 드론을 살 것인지 정하기 전에 여기서 제시하는 몇 가지 사항을 고려하면 드론을 구매하는 데 큰 도움이 될 것입니다.

01. 오토 호버링이 되는가

일반적으로 30만 원 미만의 토이급 드론은 오토 호버링이 안 됩니다. 고도 유지 정도는 가능하지만 좌우로 흐르는 것까지는 막을 수는 없습니다. 오토 호버링이 되지 않으면 제자리를 유지하기 위해서 끊임없이 미세 조종을 해줘야 합니다. 따라서 오토 호버링이 되는지의 여부는 중요하므로 오토 호버링이 되는지의 유무를 확인해야 합니다.

▶ 공중정지를 의미하는 호버링

02. 처음부터 비싼 드론을 구매할 것인가

오토 호버링을 지원하는 촬영용 드론이 저렴한 토이급 드론보다 날리기 쉽습니다. 그렇다고 드론을 한 번도 날려본 적이 없는 상태에서 처음부터 비싼 드론을 살 필요는 없습니다. 드론을 비싸게 구매해서 강물에 빠뜨리거나 떨어뜨려 파손되는 불상사가 생길 수도 있기 때문입니다. 그래서 많은 사람이 가격이 싼 토이급 드론으로 연습하고 좀 더 좋은 기체로 갈아탑니다.

▶ 또 다른 비용을 낳는 미숙한 설정과 조종

03. 드론을 누가 사용할 것인가

고성능 기체는 생각보다 위험합니다. 드론의 프로펠러에 맞으면 교통사고급의 상해를 입을 수 있기 때문에 조심해야 합니다. 그리고 드론은 생각보다 높이, 멀리 납니다. 10만 원 미만의 모델도 아파트 15층 높이까지 날 수 있고, 팬텀 4의 경우에는 5km 밖까지 날아갑니다. 멀리 날릴 때 안전에 각별히 유의하지 않으면 '아차!' 하는 순간 대형사고로 이어지기 십상입니다. 따라서 어린이에게 선물할 경우에는 미니 드론이나 가드를 갖춘 토이급 드론을 고르는 것이 현명합니다.

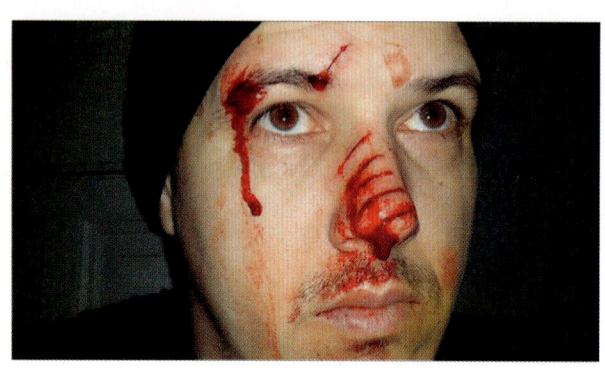

▶ 드론으로 입은 상처
출처 dronefriend.com

04. 비행 안정성이 뛰어난 제품인가

드론은 바람에 취약하기 때문에 드론이 높이 날고 있을 때에는 바람의 영향으로 조종이 잘 안 될 수 있다는 점에 유의해야 합니다. 비행 안정성이 낮은 제품일수록 바람에 민감합니다.

▶ 비행하는 드론의 모습
출처 www.motorgraph.com

05. 그 밖에 고려해야 할 사항에는 무엇이 있는가

① 국내에서 드론은 150m 이상의 고도로 날릴 수 없습니다. 이보다 더 높이 드론을 날리고 싶은 분들은 뒤에서 설명할 드론의 비행금지구역과 비행제한구역에 대한 부분(Lesson 24)을 참고하기 바랍니다.

▶ 비행가능지역에 대한 노컷 TV 보도
출처 http://www.nocutnews.co.kr/

② 드론을 조종하는 것이 자동차 운전과 다른 점은 상승하강(스로틀) 뿐만 아니라 좌측우측(롤, 일명 게걸음)으로 이동하는 것이 가능하다는 점입니다. 따라서 비행 조종이 처음인 사람에게는 연습이 꼭 필요합니다.

③ 카메라가 달린 드론을 10만 원도 안 되는 가격으로 구매할 수 있습니다. 그렇지만 그 기종의 카메라 화소수를 믿으면 안 됩니다. 예를 들어, 720p(HD)라고 해도 실제는 부풀려진 경우가 많으므로 해당 드론이 촬영한 실제 영상을 확인해야 합니다.

▶ 5만 원대 드론 JJRC H12C에서 찍은 영상 캡쳐(1080p)

▶ 30만 원대 드론 패럿 비밥드론(좌)과 팬텀 2 비전 플러스(우)에서 찍은 영상 캡쳐(1080p)

④ 촬영을 목적으로 드론을 구매할 경우에는 짐벌의 유무를 꼭 고려하기 바랍니다. 짐벌은 일반 카메라의 삼각대 정도라고 이해하면 됩니다. 화소수만큼 중요한 것이 흔들림을 잡아주는 짐벌이며 짐벌없이 촬영한 영상은 생각보다 엉망이기 때문입니다.

▶ 짐벌이 있을 때(좌)와 없을 때(우)의 비교영상
출처 youtu.be/S5yWGLpO9Vk

⑤ <u>드론의 호환성을 고려해야 합니다.</u> 일반 드론에 아무 카메라(또는 짐벌)나 다 갖다 붙일 수 있는 것은 아니기 때문에 드론 구매 후, 짐벌과 카메라를 장착할 생각이라면 반드시 호환성 및 탑재 무게 제한을 확인하기 바랍니다.

⑥ <u>배터리 성능 역시 고려 대상입니다.</u> 배터리를 한 번 충전해서 비행할 수 있는 시간은 아무리 길어도 30분 정도입니다. 그리고 배터리 충전 시간은 보통 60분~120분이므로 추가 배터리를 구매하는 경우가 많습니다.

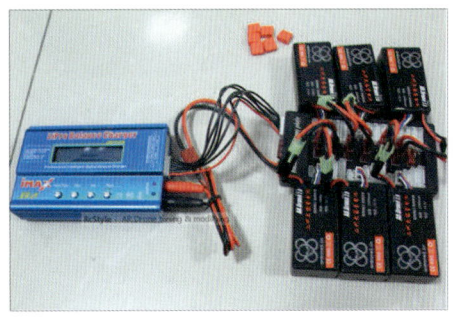

▶ 주요 고려 대상인 배터리 성능
출처 aliexpress.com

⑦ <u>조종기 모드를 확인해야 합니다.</u> 조종기 모드에는 크게 모드 1과 모드 2의 2가지 유형이 있고 각 모드는 스틱 배치가 다릅니다. <u>모드 2는 배우기 쉽고, 모드 1은 공중 회전 같은 기술을 시현할 때 유리합니다.</u> 그러므로 나에게 적합한 조종기는 어떤 것인지를 고려해야 합니다(조종기 모드와 관련한 그림은 Lesson 6를 참고하기 바랍니다).

⑧ 모든 드론이 조립된 상태로 오는 것은 아닙니다. 특히 '레이싱 드론'의 경우 완제품을 원한다면 해당 제품이 RTF(Ready To fly) 제품인지 꼭 확인해야 합니다.

⑨ 일반적으로는 드론을 구매할 때 해외직구가 더 저렴하지만, DJI나 패럿 제품처럼 정식으로 수입된 제품은 직구 가격이나 국내 가격이 거의 비슷합니다.

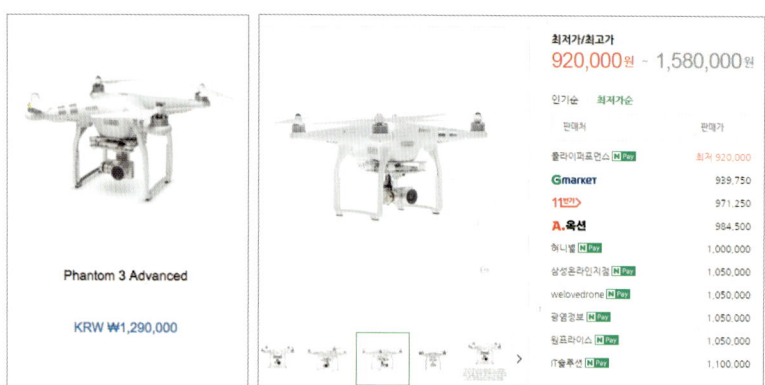

▶ 팬텀 3 어드밴스 판매 가격 비교

⑩ 직구로 샀을 때 가장 이득을 볼 수 있는 것은 배터리와 면세 가격 범위 안의 저렴한 드론이므로 이를 구매할 경우에는 해외직구를 고려해보는 것도 좋습니다. 그렇지만 해외직구 시 출고 창고가 어딘지를 반드시 확인해야 합니다. 창고 위치가 미국인 경우에는 200달러, 그 외 국가인 경우에는 150달러까지 면세가 됩니다. 혹시 면세 범위를 초과할 경우에는 관세에 부가세를 포함해서 드론 가격의 18%를 세관에 납부해야 합니다.

⑪ 드론 A/S는 생각보다 난제입니다. 정식 수입된 제품조차 부품을 구하지 못하는 경우가 많습니다. 따라서 직구를 할 경우에는 교체가 잦은 부품인 프로펠러나 모터 여분을 미리 구매하는 것도 방법입니다.

⑫ 잘 나가는 드론 제조사 중에 태반이 중국업체입니다. 드론계의 애플로 불리우는 DJI도 중국업체입니다. 그러나 우리가 가지고 있는 선입견과 달리 중국산 드론의 품질은 어느 정도 검증된 상태이니 안심하고 구매해도 됩니다.

Lesson 15
초미니 드론을 추천하지 않는 이유

저렴한 드론을 검색하다 보면 꼭 한 번 눈에 들어오는 드론이 있습니다. 바로 손바닥보다 작은 초미니 크기의 드론들입니다. 초미니 드론들은 가격이 저렴할 뿐만 아니라 실내에서도 안전하게 날릴 수 있어서 부담없이 구매할 수 있는 제품이라는 매력이 있습니다.

그러나 전문가들은 초미니 드론을 입문용으로는 추천하지 않는데 그 이유는 가장 날리기 어렵다는 치명적인 약점이 있기 때문입니다. 그렇다면 여러분들은 다음처럼 반문할 수도 있을 겁니다.

"가장 간단한 구조인데, 가장 날리기 어렵다니요?"

아이러니하게 들리지만 좀 더 자세히 들여다보면 쉽게 이해될 겁니다.

01. 초미니 드론의 실제 크기

이 이야기를 자세히 하기 전에 먼저 초미니 드론의 크기부터 살펴보겠습니다.

❶ **일반 드론** : 250mm~350mm

❷ **미니 드론** : 100mm~150mm

❸ **초미니 드론** : 40mm~70mm

이처럼 일반적으로 40mm~70mm 크기를 초미니 드론이라고 합니다. 물론, 초미니 드론은 장점도 많습니다. 우선 가격이 저렴하고, 실내에서도 날릴 수 있고, 추락했을 경우 상해나 기기 파손에 대한 우려와 비용 손실도 적습니다. 게다가 소음도 적습니다. 그러나 초미니 드론에는 조종을 어렵게 하는 여러 요인이 내재되었다는 치명적인 약점이 있습니다.

▲ 미니 드론, 협산 X4 H107L
출처 bestquadcopterspot.com

▲ 초미니 드론, Proto X
출처 www.protoquad.com

02. 힘이 너무 약하다

기체가 공중에서 흔들리거나 추락하지 않고 안정적으로 떠 있으려면 프로펠러가 도는 힘이 세야 합니다. 그러나 초미니 드론은 이 힘이 무척 약합니다. 초미니 드론에 채택된 모터는 그 가벼운 기체마저 간신히 버틸 정도라서 일반 드론 또는 미니 드론에 비해 그 힘이 현격히 떨어집니다. 또한 기체가 가볍고 센서 정밀도가 떨어져 전반적으로 비행 안정성이 매우 낮습니다. 이렇게 형편없는 비행 안정성 때문에 초미니 드론은 조종자의 의도대로 조종하기가 가장 어렵게 만들어졌습니다.

03. 조종기가 너무 작으며 배터리 교체가 안 된다

초미니 드론의 초미니 크기 조종기는 손가락 3개로 쥐어야 할 정도로 작습니다. 따라서 큰 드론보다 더 미세한 조종 능력을 익혀야 할 뿐 아니라 더 불편한 자세에도 익숙해져야 합니다. 초미니 드론은 100mAh 내외의 배터리를 사용합니다. 배터리 용량이 적은 만큼 비행 시간도 5분~8분 내외로 무척 짧습니다. 토이급 드론들의 비행 시간이 짧은 건 당연하지만 초미니 드론이 '더욱' 불편한 점은 배터리 교체가 안 된다는 점입니다. 추가 배터리로 교체하려면 분해 후 납땜을 해야 하는 구조이기 때문에 5분 날리고 나면 어김없이 충전해야 하는 상황이 발생합니다.

Lesson 16 드론 구매하기

이제 실제로 드론을 구매해 볼 차례입니다. 요즘에는 워낙 온라인 쇼핑몰이 잘 갖춰져 있어서 굳이 시간을 들여 직접 매장에 찾아가지 않아도 원하는 제품을 구매할 수 있습니다. 그리고 각 분야별로 신뢰할 만한 쇼핑몰도 많습니다. 드론의 경우도 마찬가지입니다. 다양한 구매처에서 여러분이 원하는 드론을 살 수 있습니다.

이 절에서는 "어떻게 하면 드론을 잘 샀다고 소문날까?"를 고민하는 분들을 위해 드론의 구매 방법을 국내와 해외로 나누어 설명합니다.

01. 국내에서 구매하기

국내에서 드론을 구매하는 방법에는 오프라인 매장에 직접 가서 구매하는 방법과 온라인 쇼핑몰을 통해서 구매하는 방법, 2가지가 있습니다. 드론의 인기가 높아지면서 대형마트 같은 곳에서도 드론을 쉽게 구매할 수 있습니다. 하지만 원하는 모델을 쉽게 구매하려면 아직까지는 온라인 쇼핑몰을 이용하는 쪽이 더 편리합니다. 국내에서 드론을 구매할 수 있는 대표적인 온라인 쇼핑몰은 다음과 같습니다.

구분	쇼핑몰 이름	사이트 주소
드론 업체의 총판 쇼핑몰	DJI 공식 쇼핑몰	http://store.dji.com/kr
	패럿 공식 쇼핑몰	http://parrotshopping.co.kr/
	DKSH 코리아	http://www.dkshdrone.co.kr/
	유닉코리아	http://yuneeckorea.net

	헬셀	http://helsel.co.kr
드론, RC 전문 쇼핑몰	제이씨현	http://www.dronetip.co.kr
	한빛드론	http://www.hanbitdrone.com
	엑스캅터	http://xcopter.com
	용산알씨	http://buyrc.co.kr
가격 비교 사이트	다나와	http://www.danawa.com
	네이버 지식쇼핑	http://shopping.naver.com
중고 드론 장터	중고나라	http://cafe.naver.com/joonggonara

그리고 같은 드론이라도 쇼핑몰별로 가격 차이가 있으니 어떤 쇼핑몰에서 구매하는 편이 유리한지 꼼꼼하게 확인한 후 구매하기 바랍니다. 참고로 드론 업체에서 직접 운영하는 쇼핑몰의 경우에는 다양한 이벤트 정보를 접할 수 있고, RC 전문 쇼핑몰의 경우에는 다양한 드론을 비교해서 구매할 수 있는 등 쇼핑몰별로 장단점이 있습니다. 그러므로 자주 방문하는 사이트를 즐겨찾기에 등록해놓고 자주 들러 업데이트된 내용을 확인하는 습관을 들이면 드론을 구매할 때 이런저런 도움을 받을 수 있습니다(위 사이트에서 드론을 구매하는 방법은 일반 온라인 쇼핑과 대동소이하므로 자세한 설명은 생략하겠습니다).

02. 해외에서 구매하기

드론에 관심이 있는 분들이라면, 해외직구의 유혹을 한 번쯤은 느껴봤을 겁니다. 국내에서는 비싸거나 구하기 힘든 드론을 싼 가격에 구할 수 있기 때문인데, 여기서는 해외에서 직구를 할 수 있는 대표적인 사이트를 소개하겠습니다. 그리고 그중 가장 유명한 드론 해외직구 사이트 중 하나인 '뱅굿(banggood.com)'을 파헤쳐보겠습니다.

먼저 해외에서 드론을 직접 구매할 수 있는 대표적인 쇼핑몰은 다음과 같습니다.

국가	쇼핑몰 이름	사이트 주소
중국	뱅굿	http://banggood.com/
	알리익스프레스	http://aliexpress.com/
	기어베스트	http://gearbest.com/
	타오바오	http://taobao.com/
미국	아마존	http://amazon.com/
	하비킹	http://hobbyking.com/
	드론플라이	http://dronefly.com/

03. 뱅굿이 매력적인 이유

2004년에 설립된 뱅굿은 중국에 본사를 둔 글로벌 쇼핑몰입니다. 알리익스프레스나 아마존 등과 함께 드론 직구족들이 많이 애용하는 사이트 중 하나입니다. 뱅굿이 인기 있는 이유는 다음과 같은 장점이 있기 때문입니다.

❶ **무료 배송 제공**

뱅굿의 가장 큰 장점입니다. 단돈 1천 원짜리 물건도 배송비를 내지 않고 받아볼 수 있습니다. 물론 무료 배송인만큼 배송이 늦어지는 건 감수해야 합니다.

❷ **깔끔한 검색 결과**

뱅굿에서 'X5C'를 검색하면 50건의 검색 결과가 뜹니다. 알리익스프레스에서는 4,714건, 아마존에서는 무려 3,016건 이상이 검색되는 것에 비하면 매우 소박합니다(2017년 4월 기준). 중복되는 결과가 거의 없기 때문입니다. 검색 결과가 많을 경우 결정 장애에 시달리는 소비자라면 오히려 뱅굿이 알맞은 선택지가 될 것입니다.

▲ 뱅굿의 웹 사이트   ▲ 아마존의 웹 사이트

04. 뱅굿에서 드론사기

이제 실전입니다. 뱅굿에서 드론을 사는 과정을 아주 자세하게 설명하겠습니다. 필자가 구매할 모델은 귀요미 드론으로 유명한 치어슨의 'CX-10'입니다.

뱅굿에 가입한다

뱅굿 메인 화면의 우측 상단에 있는 〈Register〉 버튼을 클릭하면 오른쪽 아래와 같은 창이 뜹니다. 아이디와 이메일, 비밀번호를 등록한 후 〈Create Your Account〉 버튼을 클릭하면 쉽게 가입할 수 있습니다.

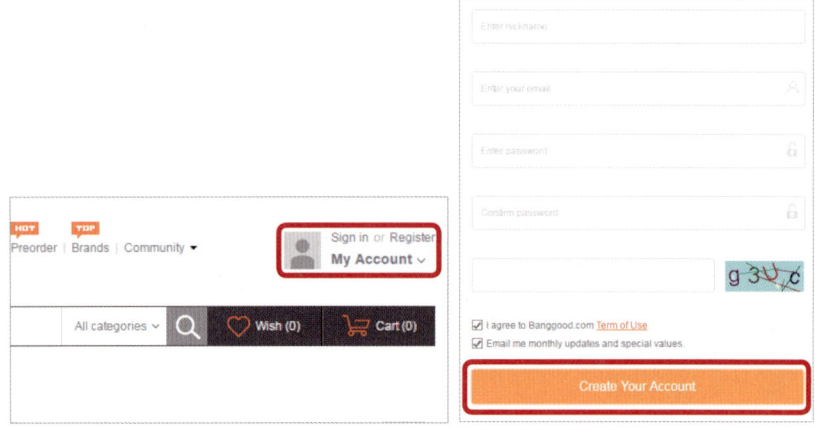

▲ 회원 가입을 위해 〈Register〉 버튼을 클릭합니다.　　▲ 회원 가입을 위한 정보를 입력합니다.

드론을 검색한다

가입을 완료했다면 검색창에 CX-10을 검색해 봅니다. 오른쪽 화면 맨 위쪽에 있는 검은색 상자는 배송 대상지와 제품 가격이 표시되는 화폐를 정하는 곳입니다. 그 밑의 갈색 상자는 검색창이고, 빨간색 상자는 검색 결과를 정렬하는 방식을 선택하는 곳입니다. 노란색 상자는 익일 배송 상품을 뜻하는데, 해외에 있는 우리는 물론 해당 사항이 없습니다. 녹색 상자로 표시된 'On sale'은 할인 상품입니다. 회색 상자 안의 'Price'에서 가격 범위를 정할 수 있습니다.

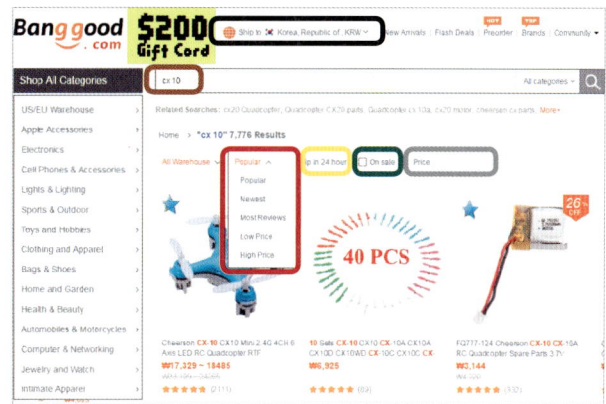

▶ 원하는 기종의 드론을 검색합니다.

원하는 상품을 선택한다

원하는 상품을 선택하면 상품 사진과 함께 오른쪽에 아래와 같은 창이 뜹니다. 우리나라 쇼핑몰과 별다를 것이 없으므로 간단하게 설명합니다.

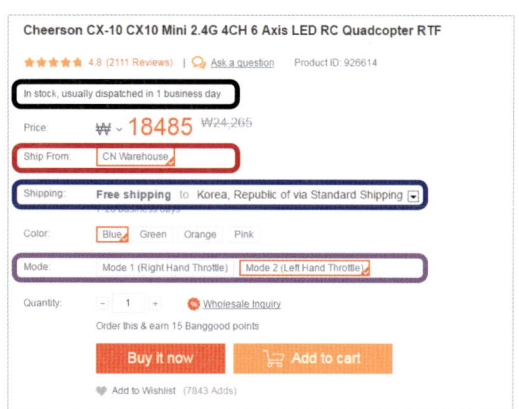

▶ 원하는 상품을 선택합니다.

검정색 상자 안의 숫자는 배송 시작 전까지 걸리는 시간을 뜻합니다. 이 제품의 경우 24시간 안에 배송을 시작합니다. 빨간색 상자로 표시된 부분은 제품이 있는 창고의 위치가 어딘지 말해줍니다. 'CN'은 중국, 'UK'는 영국, 'USA'는 미국입니다. 이는 과세 기준에 영향을 미치기 때문에 중요합니다. 보라색 상자는 조종기의 모드를 선택하는 부분이고, 파란색 상자로 표시된 부분에서는 배송 방법을 정합니다. 배송 방법은 다음처럼 4가지입니다.

- **Standard Shipping** : 무료 배송입니다. 7일~25일 걸린다고 되어 있지만 실제로는 한 달 이상 걸리는 일이 흔합니다. 송장 번호가 나오지 않습니다.
- **Air Parcel Register** : 송장 번호가 나옵니다. 일정 금액 이상의 상품은 무료로 송장 번호가 나오는데, CX-10은 워낙 싼 제품이라 송장 번호를 받으려면 돈을 내야 합니다.
- **EMS Express Mail Service** : 우체국 특송입니다.
- **Expedited Shipping Service** : DHL 같은 물류 서비스를 이용하는 방법입니다.

배송비를 아끼고 싶다면 기다림을 감수해야 합니다. 선택은 여러분의 몫입니다. 모든 선택이 다 끝났으면 〈Buy it now〉 버튼을 클릭합니다.

결제 수단을 선택한다

결제 수단으로는 페이팔과 신용카드가 있습니다. 페이팔은 주로 북미권에서 사용하는 인터넷 결제 서비스인데, 둘 중 어느 방법을 사용해도 무방합니다. 필자는 신용카드를 선택하겠습니다. 참고로 잘 알겠지만 뱅굿 등 해외 사이트에서 결제를 하려면 신용카드나 체크카드 앞면에 Visa나 MasterCard 마크가 있어야 합니다.

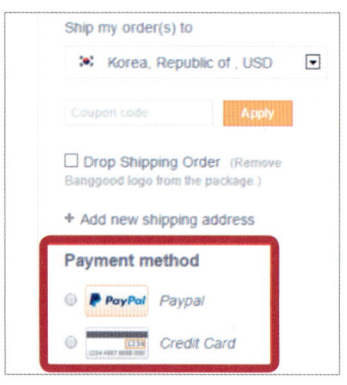

▲ 결제 수단을 선택합니다.

개인 정보를 입력한다

신용카드를 선택하면 다음과 같은 개인 정보 입력창이 뜹니다. 그림에 표시된 대로 입력하면 됩니다. 이름과 성의 위치를 헷갈리지 말고 사용할 카드에 새겨진 영문 이름을 써주면 됩니다. 영문 주소는 어떻게 적을지 고민될 텐데, 포털 사이트에서 쉽게 영문 주소를 얻을 수 있습니다.

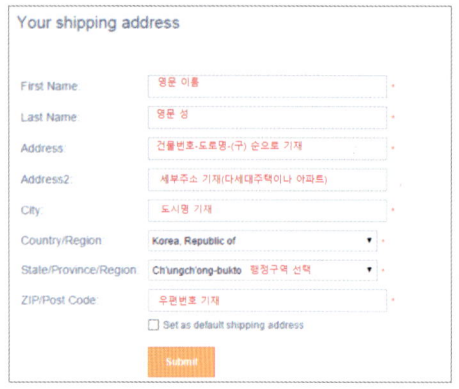

▲ 개인 정보를 입력합니다.

결제를 완료한다

카드 종류와 카드 번호, 만료 일자를 선택하고 〈Pay〉 버튼을 누르면 결제가 완료됩니다. 어렵지 않죠?

▶ 결제를 완료합니다.

05. 뱅굿을 이용할 때 주의할 점

창고 위치를 꼭 확인한다

앞서 설명했듯이 뱅굿의 창고는 미국, 영국, 중국에 있습니다. 창고가 위치한 나라에 따라 세금 계산 방법이 다르므로 창고 위치를 꼭 확인해야 합니다. 관세와 A/S를 고려하면 30만 원 이상의 중고급형 드론은 해외직구보다 정식 수입품을 구매하는 게 이득일 수 있습니다.

가품의 가능성을 염두에 둔다

'중국' 하면 소위 '짝퉁'이 유명합니다. 뱅굿과 알리익스프레스의 경우 정교하게 만든 가품을 구매하게 될 우려가 있습니다. 미국 사이트인 아마존은 상대적으로 가품 가능성이 낮습니다. 지나치게 가격이 싸다면 가품일 수 있기 때문에 의심해봐야 합니다.

배송 기간을 믿지 않는다

앞서 말했듯 최대 25일이라고 명기된 배송 기간은 믿을 게 못 됩니다. 40일 이내에 이사를 갈 예정이 있거나 여행을 떠날 일이 있다면 비용을 지불하더라도 유료배송을 택하는 편이 낫습니다.

Lesson 17
중고 드론을 사기 전에 알아야 할 6가지 체크 사항

드론 조종에 미숙한 상태에서 새 드론을 날리다보면 드론이 금세 망가질 수 있습니다. 그래서 첫 드론을 중고로 구매하여 어느 정도 비행 기술을 익힌 후에 새 드론을 구매하는 것도 좋은 방법입니다.

게다가 드론은 첨단 기술의 집합체입니다. 따라서 각종 센서와 고화질 카메라로 무장하다보니 필연적으로 약점이 생기는데, 바로 가격입니다. 가볍게 즐길 수 있는 토이급 드론은 그나마 저렴한 편인데, 드론으로 촬영하기를 원하는 분이라면 시름은 더 깊어집니다. 어느 정도 봐줄 만한 영상을 얻으려면 최소 수십만 원, 많으면 수백만 원까지 투자해야 하기 때문입니다.

▶ 멋진 자태의 인스파이어 2. 그러나 가격은 400만 원입니다.
출처 store.dji.com/kr

이런 이유로 드론의 중고 거래는 상당히 활발합니다. 새 제품을 사기에는 부담스러운 사람들이 중고 시장에 눈길을 돌리는 겁니다. 하지만 중고 거래는 항상 위험을 수반합니다. 이 절에서는 중고로 드론을 살 때 꼭 알아야 할 6가지 사항을 살펴보겠습니다.

01. 거래 물품을 철저히 확인하기

중고차를 살 때는 차 상태만 확인하면 됩니다. 하지만 드론은 구성품이 매우 다양하기 때문에 거래 물품을 꼼꼼하게 확인해야 합니다. 충전기가 포함되어 있는지, 추가 배터리는 몇 개나 되는지, 랜딩기어나 프롭가드도 포함된 가격인지 등을 철저히 확인해야 합니다. 카메라가 탈착식인 경우 카메라를 포함하는지의 여부도 반드시 확인해야 합니다. 마찬가지로 짐벌 유무도 필수 확인 대상입니다.

본체도 마찬가지입니다. 팬텀으로 예를 들어볼까요? 팬텀은 메인 시리즈만 4가지가 있으며 비전, 비전 플러스, 스탠다드, 어드밴스, 프로페셔널, 4K 등 수많은 버전이 있습니다. 그리고 버전에 따라 분명한 성능 차이가 있습니다. 하지만 외관은 비슷하기 때문에 까딱하면 실수하기 십상입니다. 또 조종기의 모드가 모드1과 모드2로 모두 출시되는 드론도 있습니다. 이 차이를 확인하지 않으면 조종을 새로 배워야 하는 비극을 맞을 수도 있기 때문에 중고 거래 전에 구매하고자 하는 기종의 세부 물품 목록을 꼼꼼하게 확인하기 바랍니다.

02. 직거래로 구매하기

중고 드론을 살 때 가장 좋은 방법은 직거래입니다. 그 이유는 다음과 같습니다.

❶ 물건을 바로 받아볼 수 있습니다.
❷ 택배에서 발생할 수 있는 파손의 염려가 없습니다.
❸ 거래 물품을 눈으로 직접 확인할 수 있습니다.
❹ 사기당할 걱정이 없습니다.

특히 팬텀 같이 아주 비싼 드론을 거래할 경우에는 거리가 좀 있더라도 웬만하면 직거래를 추천합니다. 가능한 수단을 모두 동원한다고 해도, 택배보다는 직거래가 무조건 안전합니다. 명심하세요.

03. 비행이 가능한 곳에서 직거래하기

직거래 물품이 스마트폰이나 태블릿이라면 어디서 만나든 상관이 없습니다. 지하철역도 좋고, 카페도 좋습니다. 물건 상태를 확인하는 데 아무런 지장이 없으니까요. 하지만 드론은 다릅니다. 사람들이 잔뜩 있는 실내에서 만나면 드론을 날려 드론의 상태를 확인할 수가 없기 때문입니다. 그렇다고 드론의 외관만 확인하고 '쿨'하게 헤어지는 것도 불안합니다. 모터나 배터리의 불량은 육안으로 판별하기 힘들기 때문입니다.

따라서 물건을 받은 후 최소 5분 정도는 드론을 날려 보면서 기체 상태를 확인해야 합니다. 호버링은 잘 되는지, 배터리 용량에는 문제가 없는지 등을 말입니다. 그러려면 판매자에게 배터리를 완충해 올 것을 부탁해야겠죠? 이는 중고 거래를 할 때에 판매자가 가져야 할 기본적인 센스입니다.

▶ 가능하다면 이런 곳에서 드론을 거래하는 게 가장 좋습니다.

04. 안전거래로 구매하기

부득이하게 택배로 거래를 해야 한다면 안전거래는 필수입니다. 안전거래란 구매자와 판매자 사이에 제3자인 안전거래업체가 중개자 역할을 하는 것인데, 구매자는 안전거래업체에 물건 가격만큼의 대금을 지불하고, 안전거래업체는 구매자가 구매 승인을 한 후 그 돈을 판매자에게 보내줍니다. 구매자 입장에서는 엉뚱한 물건이 오거나 거래 물품의 상태가 좋지 않을 경우 구매 승인을 하지 않고 반품할 수 있어 안전합니다. 물론 안전거래업체에 1,000원~2,000원 정도의 수수료를 지불해야 합니다. 그렇지만 이 정도의 비용을 지출하더라도 안전한 게 최고입니다.

안전거래를 하려면 1차적으로 판매자와 구매자 간에 합의가 필요합니다. 판매자 입장에서는 물건을 팔았는데 돈을 바로 받을 수 없으므로 안전거래를 선호하지 않는 경우가 많습니다. 만약 판매자가 끝내 안전거래를 거부한다면 그 물품은 사지 않는 편이 좋습니다. 판매자의 사정이 무엇이든 간에 말이죠.

만약 안전거래를 하기로 합의가 됐다면 업체를 선정해야 합니다. 안전거래업체는 포털 사이트에서 검색하면 수십 개가 나오니 마음에 드는 곳으로 하면 됩니다. 그리고 안전거래 신청은 판매자와 구매자 중 한쪽에서만 하면 됩니다.

안전거래업체 사이트에서 자신이 판매자인지 구매자인지, 거래 상대의 아이디는 무엇인지, 거래물품과 거래금액이 얼마인지 등을 입력하고 신청하면 됩니다. 그리고 상대 측에서 수락하면 거래가 시작되죠. 거래물품을 택배로 보내고, 구매자 쪽에서 구매 승인을 하면 거래가 완료됩니다.

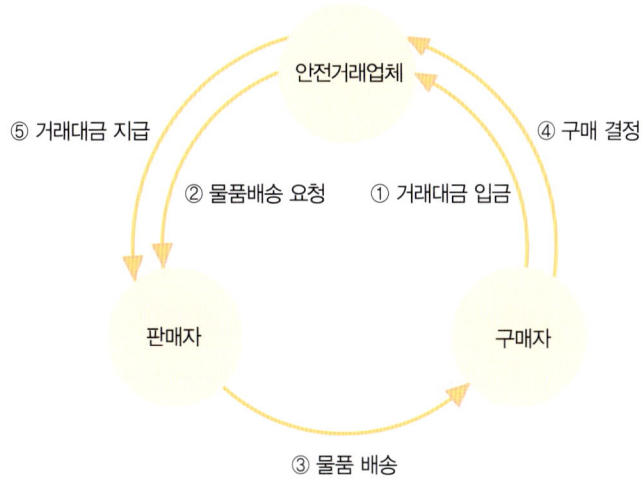

▲ 드론 구매를 위한 안전거래 흐름도

05. 판매자 조회해보기

우리가 사는 세상은 아직 살 만합니다. 갑자기 무슨 소리냐고요? 사기꾼보다는 정상적인 판매자가 더 많다는 이야기입니다. 다만 미꾸라지 한 마리가 온 물을 흐리듯 몇몇 상습적인 범죄자들이 날뛰며 피해자들을 만들어내고 있는 것입니다. 그래서 등장한 것이 더치트(http://thecheat.co.kr)나 마스킥(http://maskic.com) 같은 범죄 방지용 조회 사이트입니다. 판매자의 전화번호나 계좌번호를 검색하면 사기 전적이 있는지를 확인할 수 있습니다. 물론 이러한 사이트에서의 검색 결과가 깨끗하다고 해서 100% 안전하다고 볼 수는 없습니다. 하지만 최소한 검증된(?) 악질 사기꾼과의 거래는 피할 수 있습니다.

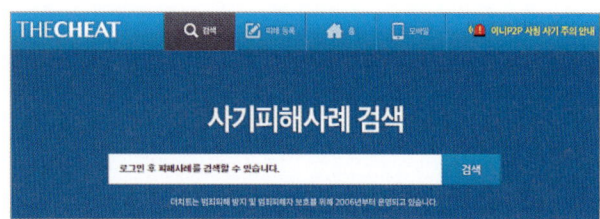

▶ 대표적인 범죄 방지용 조회 사이트
더 치트의 메인 페이지

06. 모든 것을 기록하기

갖은 노력을 다 했음에도 불구하고 사기의 피해자가 될 수도 있습니다. 하지만 울고 있을 수만은 없습니다. 사기를 친 사람에게 죗값을 치르게 해야 합니다. 당연히 돈도 받아내야 하고요. 그러려면 기록이 필요합니다. 판매자와 주고받은 문자 내역, 통화 내용, 송장번호, 거래 날짜, 계좌번호 등 모든 것을 기록으로 남겨야 합니다. 판매자를 100% 믿지 마세요. 나중에 경찰과 이야기할 때 방금 설명한 것들이 모두 중요한 자료가 됩니다.

Lesson 18
처음 드론을 살 때 함께 사면 좋은 장비

여기서는 처음 드론을 살 때 함께 구매하면 좋은 것에는 어떤 것이 있는지 알아보겠습니다. 물론, 여기서 소개하는 물품이 없더라도 드론을 날리는 데는 큰 문제가 없겠지만, 드론을 보관하거나 옮기는 등 여러 경우에 여기서 소개하는 장비가 있다면 좀 더 수월하게 드론을 날릴 수 있을 겁니다. 참고로 토이급 드론에만 필요한 장비가 있고 레이싱 드론에 최적화된 장비가 따로 있습니다. 하지만 레이싱 드론에 필요한 부가 장비는 Chapter 5에서 다룰 예정이므로 여기서는 팬텀 4를 기반으로 모든 드론에 공통적으로 필요한 장비만 소개합니다.

01. 배터리 및 충전기

팬텀 4를 기준으로 최대 비행 시간은 28분입니다. 혹시나 비행금지구역일까 열심히 장소를 찾고, 거추장스러운 팬텀을 들고 이동하는 데 들인 시간을 생각하면 28분은 너무 짧습니다. 그래서 추가 배터리를 구매해야 합니다.

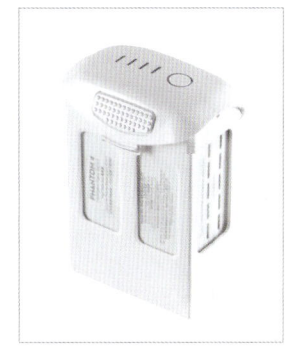

▲ 팬텀 4용 배터리

02. 프롭가드와 프로펠러

프롭가드는 바람이나 조종 미숙으로 인해 팬텀 4가 어딘가에 충돌했을 때 프로펠러의 손상을 방지하고, 사람의 부상을 막는 역할을 합니다. 안전한 비행을 위해 필요한 물품 중 하나이프로 꼭 구매하길 권합니다.

프롭가드를 했다손 치더라도 프로펠러는 기본적으로 소모품입니다. 쓰면 쓸수록 망가지게 되어 있습니다. 따라서 프로펠러 역시 별도로 구매해야 합니다. DJI의 경우에는 여러 종류의 프로펠러를 제공하는데, 아래 오른쪽 사진은 기본 프로펠러입니다.

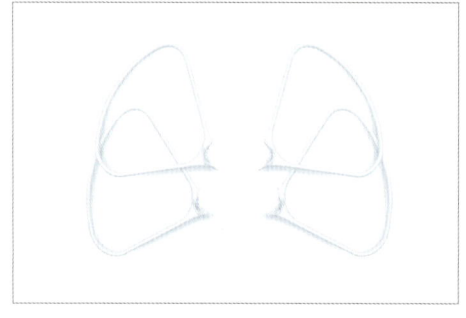 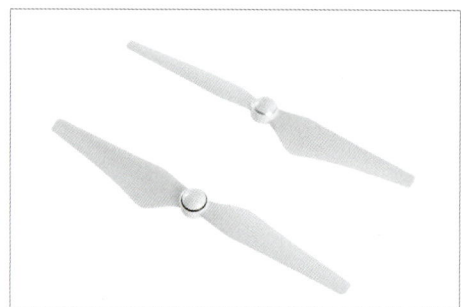

▲ 팬텀용 프롭가드(좌)와 프로펠러(우)

03. 가방

촬영용 드론을 구매한 분들이 가장 불편해하는 점은 바로 '휴대성이 떨어진다'는 점입니다. 팬텀 역시 포장 박스째 들고 다니자니 매우 불편합니다. 차가 없는 분들이라면 더더욱 그렇고요. 팬텀 4부터는 가방처럼 손잡이가 달린 케이스가 기본으로 제공되어 그나마 나아졌지만, 거대한 박스를 한 손으로 들고 다니기에는 아직 영 불편합니다. 아래에서는 팬텀 4 사용자들을 위해 DJI에서 정식 출시한 백팩 두 종류를 소개하겠습니다.

팬텀 시리즈 - 다기능 백팩

먼저, 모든 팬텀 시리즈에 사용할 수 있는 다기능 하드셸 백팩입니다. 기체와 컨트롤러 각각 1개, 배터리 3개, 프로펠러 12개, 배터리 충전기 1개, 심지어 15인치 노트북 1개도 담을 수 있습니다. 충격에 강한 ABS+PC 소재로 기체나 액세서리에 충격이 가지 않도록 설계되어 있습니다.

 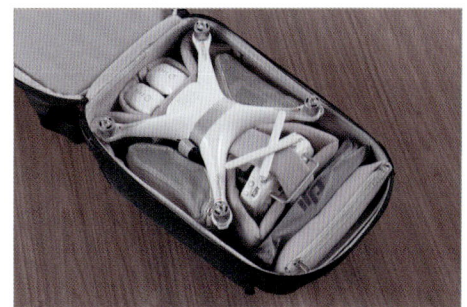

▲ 팬텀 시리즈 – 다기능 백팩

팬텀 백팩

그 이름도 명료한 팬텀 백팩(Phantom Backpack)입니다. 팬텀 백팩도 1부터 4까지 모든 팬텀을 수납할 수 있는 가방입니다. 기체와 컨트롤러 각각 1개, 배터리 3개~5개, 프로펠러 4쌍(8개), 충전기 1개, 15인치짜리 노트북과 노트북 부품들을 넣을 수 있습니다. 찢김에 강한 나일론 소재로 기체 및 액세서리를 보호하는 맨프로토(Manfrotto) 디자인의 가방입니다.

 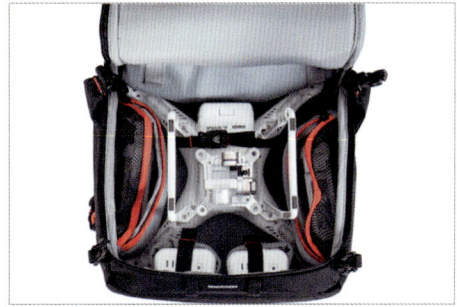

▲ 팬텀 백팩

Lesson 19

꼭 알아야 할 드론 전파인증

드론을 하는 분들이라면 한 번쯤 '전파인증'이라는 단어를 들어봤을 겁니다. 정식 명칭은 '방송통신기자재 적합성평가 제도'이며 'KC인증'이라고 부르기도 하는데, 그보다는 '전파인증'이라는 말이 가장 널리 쓰입니다. 이름이야 뭐가 됐든 그리 좋은 이미지의 제도는 아닐 거라고 생각되는데, 특히 드론으로 사업을 하는 분들이라면, 전파인증의 '전' 자만 들어도 치를 떨지도 모르겠습니다.

여기서는 전파인증에 대해 꼭 알아야 할 사항에 대해 Q&A 형식으로 정리했습니다. 잘 모르면 억울하게 범법자가 될 수도 있는 만큼, 이 기회에 꼼꼼하게 내용을 숙지하길 바랍니다.

01. 전파인증이 뭔가요

전파인증은 드론을 포함해 스마트폰, 태블릿 등 전파를 사용하는 기기를 제조 또는 수입하여 판매하기 전에 등록하는 절차를 말합니다.

전파인증을 받지 않은 제품은 판매가 불가하며, 적발 시에는 3년 이하의 징역 또는 3천만 원 이하의 벌금형에 처해질 수 있습니다.

02. 전파인증을 왜 받아야 하나요

전파인증의 기반이 되는 근거는 전파가 공공재라는 것입니다.

한두 명이 아니라 모든 사람이 전파를 활용하고 있기 때문에 전파환경에 부정적 영향을 끼칠 수 있는 제품의 유통을 막을 필요가 있다는 것입니다. 지나치게 강한 출력을 내어 다른 기기의 작동에 방해를 주거나, 전파 혼선을 일으키는 경우가 대표적입니다. 또 인체에 유해한 제품도 전파인증을 통과하지 못합니다.

03. 토이급 드론도 전파인증을 받아야 하나요

물론입니다. 드론의 경우 99.9%가 전파인증 대상이라고 보면 됩니다.

사용하는 전력의 출력이 기준 이하인 경우 전파인증이 면제된다는 예외조항 때문에 이런 오해가 생깁니다만, '모터를 사용하지 않는 제품'에 한해 적용되는 규정입니다. 모터를 사용하지 않는 드론은 없으니까 토이급 드론도 전파인증을 받아야 합니다.

▶ 손바닥보다 작은 초미니 드론도 전파인증을 받아야 합니다.

04. 해외직구할 때 전파인증을 받은 적이 없는데 불법을 저지른 건가요

아닙니다. 판매 목적이 아니고 개인이 사용할 경우에는 전파인증이 면제됩니다.

다만 수량은 1대로 제한되므로, 동일 품목을 여러 대 구매할 때는 전파인증을 받아야 합니다. 또 해외직구 내역은 기록에 남기 때문에, 시차를 두고 동일 품목을 구매하는 것도 문제가 될 수 있습니다. 그냥 동일한 제품은 평생 1대만 구매해야 한다고 기억하면 편합니다.

드론을 쓰다가 고장이 나서 새로 사야 하는 경우가 생길 수 있는데, 이때도 원칙적으로는 재구매 시 전파인증을 받아야 합니다. 다만 액수가 현저히 적고 구매 간 시차가 커서 판매 목적이 아닌 것이 분명할 경우 '걸릴' 확률은 낮습니다. 그래도 적발될 경우 사유서를 제출해야 하는 등 불편을 겪을 수 있기 때문에, 가능하면 수리해서 쓰길 바랍니다. 가족 명의로 구매하는 등의 편법을 쓰는 사용자도 있는데, 바람직하지 않습니다.

05. 해외직구한 드론을 중고로 팔 수 있나요

안 됩니다.

앞서 설명한 것처럼 해외직구 시 전파인증이 면제된 것은 판매 목적이 아니었기 때문인데, 중고로 파는 순간 면제 조건이 사라지는 셈입니다. 또 150달러 미만으로 구매해서 관세를 면제받은 경우에는 전파인증 여부와 상관없이 중고 판매가 금지됩니다. 관세도 물지 않으면서 차익을 남기는 것이 가능하기 때문인데, 실제로 잘 모르고 해외직구 제품을 중고거래 사이트에 올렸다가 경찰 조사를 받은 분이 많습니다. 앞으로는 이런 실수를 하지 않기를 바랍니다.

06. 수입업자에게 드론을 샀는데, 전파인증 받은 제품인지 어떻게 알죠

전파인증 확인 방법은 간단합니다. 'KC 마크'가 있는지 없는지만 확인하면 됩니다.

KC 마크가 없으면 수입업자가 뭐라고 하든 간에 전파인증을 받지 않은 제품입니다. 다만 예외가 있다면 해외 제조사가 직접 전파인증을 받은 경우인데, 만약 수입업자가 생산국에서 직접 물건을 받아 왔다면 KC 마크가 없을 수도 있습니다.

KC 마크가 없는데 제조사가 전파인증을 받았는지 꼭 확인하고 싶다면, 국립전파연구원 홈페이지의 '적합성평가현황검색' 서비스를 이용하면 됩니다.

▶ 기존의 13개 마크를 통합해 만들어진 KC 마크
출처 standard.go.kr

07. 꼭 전파인증을 받은 드론을 사야 하나요

결론부터 얘기하면 그렇지는 않습니다.

전파미인증 처벌은 유통사나 수입사 등 공급자 측에서 지게 되므로 개인이 직접적인 피해를 보지는 않습니다. 다만 많은 시간과 비용을 들여 전파인증을 받은 판매자 쪽의 신뢰도는 월등히 높을 겁니다. 실제로 양심적인 판매자 분들이 전파인증으로 인한 가격경쟁력 저하 때문에 피해를 보고 있는 상황입니다. 밀수꾼들이 전파인증도 받지 않은 드론을 싼 가격으로 유통하고 있기 때문입니다. 올바른 드론 문화 정착을 위해 돈 몇 만 원이 더 들더라도 전파인증 받은 제품을 구매하길 바랍니다.

08. 전파인증을 받으려면 어떻게 해야 하나요

과학기술정보통신부 전자민원센터(http://www.emsip.go.kr)에서 신청할 수 있습니다.
사용자설명서, 제품 외관도, 부품배치도, 회로도 등의 서류가 필요하며 국립전파연구원에서 지정한 기관에서 각종 테스트를 거친 후 그 성적서도 제출해야 합니다. 시간이 오래 걸릴 뿐더러 비용도 수백만 원 이상 들기 때문에 부담스러운 절차입니다. 특히 제조사가 아닌 수입업자의 경우 회로도 등의 서류는 구하기도 힘듭니다. 이런 장벽이 있으니 전파인증을 받지 않는 판매자가 많은 것이겠죠? 전파인증 절차가 쉽지 않기 때문에 대행업체도 다수 존재합니다. 포털 사이트에서 '전파인증'을 검색하면 쉽게 대행업체를 찾을 수 있습니다.

Chapter 05
✕
드론의 부가 장비

지금까지 토이급 드론에서부터 레이싱 드론, 촬영용 드론, 기타 필요한 장비까지 살펴봤습니다. 앞선 글들을 통해 여러분에게 필요한 드론은 어떤 것인지 판단하는 데 도움이 됐으리라 생각합니다. 그렇지만 드론을 날리는 목적에 따라 필요한 부가 장비도 있습니다. 예를 들어, 레이싱 드론을 좀 더 짜릿하게 즐기려면 좀 더 성능 좋은 FPV 고글이 필요할 테고, 드론을 이용해서 좀 더 멋진 영상을 얻고자 하려면 좀 더 성능 좋은 카메라가 필요합니다. 이 장에서는 이처럼 드론의 활용 목적에 잘 부합할 수 있는 드론의 부가 장비에 대해서 다룹니다.

Lesson 20

배터리

드론에는 배터리가 1개 들어갑니다. 하지만 배터리 하나로는 절대 마음껏 드론을 날릴 수 없습니다. 5분~15분 정도 날리면 금새 배터리 부족 신호가 켜지기 때문입니다. 이처럼 감질나는 비행 시간 때문에 추가 배터리는 필수라고 생각하는 사용자가 대다수일 겁니다. 하지만 막상 추가 배터리를 구매하려고 하면 정품 배터리 가격이 너무 비싸거나 국내에서 배터리를 별도로 구매할 수 없어 당황하는 경우가 있습니다. 이럴 때 많은 분이 대안으로 찾는 것이 비정품 배터리입니다.

▲ 드론에서 사용하는 리튬 폴리머 배터리

"근데, 이 배터리를 사용해도 될까?"

배터리 찾다보면 자연스럽게 불안해집니다. AA 아니면 AAA 를 고르면 되는 알카라인 배터리와 달리 리튬 폴리머 배터리는 워낙 다양해서 뭐가 뭔지 알기 어렵기 때문입니다.

01. 비정품 배터리를 사기 전에 알아야 할 것들

들어가기에 앞서, 배터리 선택은 중요한 문제라는 것을 알아두었으면 합니다. 배터리를 잘못 사용하면 기체에 무리를 주거나 사고가 날 위험이 있습니다. 따라서 추가 배터리를 구매할 때는 당연히 정품을 구매하는 것이 가장 좋습니다. 비싸지만 가장 쉽고 안전한 방법이기 때문입니다. 하지만 여러 상황 때문에 어쩔 수 없이 비정품 배터리를 사용하고자 할 경우에는 다음 내용을 참고해서 구매하기 바랍니다.

토이급 드론을 사용하는 경우 ❶

시마나 JJRC의 몇몇 인기 모델은 비정품이라도 호환 모델을 표시해 놓은 경우가 흔해서 규격에 맞는 배터리를 찾기 쉽습니다. 그런데 이런 표시가 되어 있지 않거나 판매자 신뢰도가 의심스러운 경우에는 다음과 같은 조건을 만족해야 합니다.

<u>전압(V)은 같아야 하고, 용량(mAh)은 같거나 약간만 커야 합니다.</u>

먼저 추가 배터리를 찾을 때는 기본적으로 전압이 일치해야 합니다. 아래는 뱅굿에 표시된 시마 X5C의 배터리 스펙인데, 여기서 3.7V로 표시된 것이 전압입니다.

▶ 추가 배터리를 구매할 때 꼭 확인해야 할 배터리 전압

500mAh라고 표시된 부분은 전류량(용량)인데, 전류량은 기본 정품 배터리와 비교해 동일하거나 살짝 큰 것은 괜찮지만 너무 큰 것은 안됩니다. 간혹 비행 시간을 늘리려고 용량이 2배가 되는 배터리를 장착하려는 경우가 있는데, 이런 배터리로 평소보다 오래 비행하면 모터에 무리를 주어 수명이 짧아지거나 과로사 할 수 있습니다. 따라서 용량은 20%~50% 범위 내에서 늘리는 것이 좋습니다.

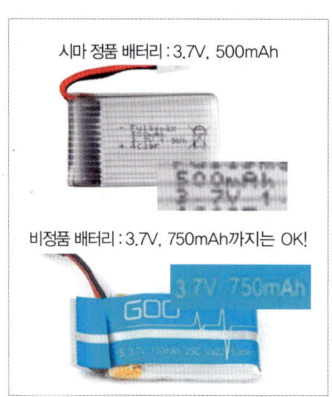

▶ 배터리 용량은 20%~50% 범위 내에서 늘려야 합니다.

토이급 드론을 사용하는 경우 ❷

크기와 연결잭 모두 같아야 합니다.

전압, 전류량 체크 후에는 배터리 크기와 연결잭도 체크해야 합니다. 배터리가 너무 크면 배터리 칸에 안 맞을 수 있으니 당연히 수납함에 맞는 크기를 골라야 합니다. 초보들이 가장 쉽게 간과하는 것이 연결잭 호환입니다. 연결잭은 배터리와 기체를 연결하는 케이블인데, 단자가 맞지 않으면 연결이 불가능합니다. 비슷비슷하게 생겼으니 헷갈릴 수 있으므로 꼼꼼하게 살펴야 합니다. 만약 시마 X5C와 JJRC H9D처럼 연결잭이 동일하다면 그냥 사용하면 됩니다.

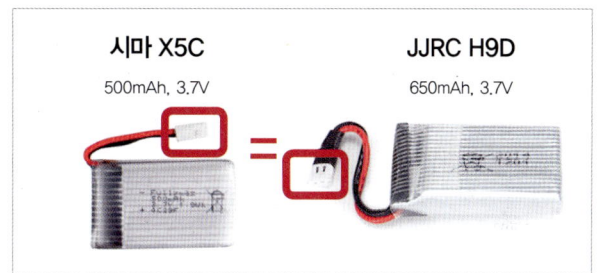

▶ 배터리의 연결 잭이 동일한 경우에는 대부분 사용할 수 있습니다.

그러나 시마 X5C와 JJRC H12C처럼 나머지는 다 괜찮은데 연결잭만 차이가 있는 경우, 변환 커넥터를 별도로 구매해야 합니다. 연결잭의 모양이 같아도 극이 반대인 경우가 있으니 잘 확인하기 바랍니다.

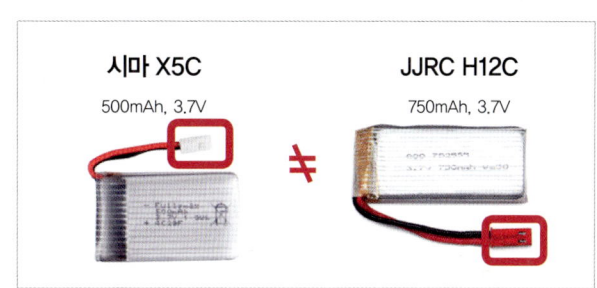

▶ 배터리의 연결 잭이 다른 경우, 변환 커넥터를 구매해야 하고 극도 잘 확인해야 합니다.

중간급 드론이나 센서 드론을 사용하는 경우 ❶

셀, 직렬, 병렬 스펙이 같아야 합니다.

토이급 드론보다 출력이 큰 드론의 경우, 좀 더 고용량이고 고출력인 배터리를 사용합니다. 이 경우 '토이급 드론을 사용하는 경우 ❷'에서 체크한 요소에 더해 몇 가지를 더 고려해야 합니다.

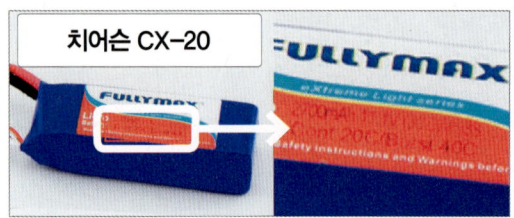

▶ CX-20의 배터리 스펙

위 스펙은 CX-20의 배터리 스펙입니다. 2700mAh 11.1V 3S Cont 20C/Burst 40C라고 되어 있는 것을 확인할 수 있습니다. 이게 무엇을 의미하는지 차근차근 살펴보면 먼저 3S는 배터리 3개(3셀)를 직렬(Serial)로 연결했다는 것을 의미합니다. 이렇게 배터리를 직렬로 연결하는 이유는 전압을 높여야 출력이 큰 모터를 돌릴 수 있기 때문입니다. CX-20은 시마 X5C보다 무겁고 빠르기 때문에, 당연히 더 높은 전압과 더 높은 용량의 배터리가 필요합니다. 배터리 1개의 기본 전압은 3.7V이지만 이것을 직렬로 3개 연결하면 11.1V가 됩니다. 따라서 CX-20에 배터리를 붙이려면 기본 배터리와 사양이 동일한 3S(11.1V)짜리 배터리여야 하는 겁니다. 참고로 병렬 연결은 P로 표시합니다. 배터리를 병렬로 연결하면 전압은 유지하면서 용량을 높일 수 있습니다. 예를 들어 3S2P로 표시되어있다면 직렬 3개, 병렬 2개로 연결했다는 의미입니다.

중간급 드론이나 센서 드론을 사용하는 경우 ❷

방전율은 같거나 높아야 합니다.

위의 배터리 스펙에서 Cont 20C/Burst 40C라고 표시된 부분은 방전율이라는 것입니다. '방전율'이라는 단어는 좀 생소할 텐데, 간단히 설명하면 배터리가 순간적으로 얼마나 많은 에너지를 뽑아낼 수 있는지를 말합니다. 즉 '배터리의 출력'과 관련이 있습니다. 비정품 배터리를 쓸 때 방전율은 정품 배터리와 같거나 높은 것을 사용해야 합니다. 그래야 기체를 띄우는 힘을 맞춰줄 수 있습니다. 참고로 방전율이 높으면 출력은 좋지만 배터리 수명이 짧을 수 있습니다.

중간급 드론이나 센서 드론을 사용하는 경우 ❸

무게는 너무 늘리지 말아야 합니다.

배터리 용량이 2000mAh를 넘어가면 무게도 만만치 않습니다. 앞의 배터리의 무게는 180g인데, 가벼운 듯 보이지만 액션캠 무게가 60g~90g(짐벌 제외)인 걸 생각하면 결코 가볍지 않습니다. 용량을 늘리려고 무게를 늘리면 당연히 비행성능에 영향을 끼치게 됩니다. 배터리 무게와 기체에 탑재되는 무게 한도를 충분히 고려해주길 바랍니다.

고가의 촬영용 드론을 사용하는 경우

100만 원대의 고가 드론은 배터리 비용 또한 만만치 않습니다. 패럿 비밥드론 2의 경우 정품 배터리가 84,000원, DJI 팬텀 4의 인텔리전트 배터리는 220,000원입니다. 추가 배터리를 1개~2개 정도 사다보면 웬만한 드론 하나를 사는 것과 마찬가지입니다. 비정품 배터리에 대한 요구는 높지만 실제 사용에 있어서는 제품마다 상황이 다릅니다. 패럿 비밥드론 2의 비정품 배터리는 이미 널리 사용되는 편입니다. 4만 원대로 정품 가격의 50% 정도밖에 되지 않는 데다, 이미 많은 사람을 통해 안정성이 어느 정도 검증되었기 때문입니다.

반면 팬텀의 경우 비정품 배터리를 거의 쓰지 않습니다. 최근 팬텀의 인텔리전트 배터리는 펌웨어를 통해 충전횟수, 전압, 배터리 상태 등에 대한 정보를 주고받기 때문에 정품이 아니면 사용이 어렵기 때문입니다. 레이싱 드론이나 고가의 드론은 센서 수가 많고 프로그래밍 복잡도도 높다보니 비정품 배터리를 사용하면 문제가 생길 위험이 높습니다. 기체 가격이 높고 무게도 있어서 사고가 나면 손실과 위험도 배가 되니 웬만하면 정품을 사용하길 권장합니다.

02. 배터리 보관법 완전정복

제대로 된 배터리를 사는 것만큼 중요한 게 바로 보관입니다. 보관을 어떻게 하느냐에 따라 똑같은 배터리를 1년 동안 쓸 수도 있고, 하루 만에 망가뜨릴 수도 있습니다. 여기서 '몇 푼 하지도 않는 배터리를 관리까지 해야 해?'라고 생각하는 분들이 있을 겁니다. 아마 주로 저렴한 드론을 이용 중인 분들일 텐데, 매우 정확한 지적입니다. 저가형 드론의 경우 배터리 관리를 위해 장비를 구매하느니 새 배터리를 구매하는 편이 더 효율적이기 때문입니다. 이런 분들은 부담 갖지 말고 '이런 것도 있구나!' 하고 읽어주면 되겠습니다. 배터리에는 여러 종류가 있는데, 드론에서 일반적으로 사용하는 리튬 폴리머 배터리를 기준으로 설명했습니다.

1단계 : 핵심은 전압 유지다

배터리 보관에 있어 알파이자 오메가라고 할 수 있는 요소가 바로 적정한 전압을 유지하는 것입니다. 너무 높은 전압에서 보관할 경우 배부름 현상이 발생할 수 있습니다. 반대로 너무 낮은 전압에서 보관하면 배터리 과방전으로 인해 다시 쓸 수 없게 될 수 있습니다. 어느 쪽이든 배터리는 망가지게 되므로 중용의 미덕을 지킬 필요가 있습니다.

배터리 완충 시 전압은 약 4.2V인데, 배터리 보관에 있어서 가장 적정한 전압은 '1셀(Cell)당 3.7V~3.85V 사이'로 알려져 있습니다. 여기서 '1셀당'이라는 말이 중요한데, 셀이란 전체 배터리를 구성하고 있는 내부의 소형 배터리를 말합니다. 더 큰 출력을 내기 위해 작은 배터리를 연결해서 사용하는데, <u>배터리를 보관할 경우 모든 셀이 각각 3.7V~3.85V 사이의 전압을 유지해야 한다는 겁니다.</u>

▶ 전압 유지가 핵심인 리튬 폴리머 배터리

2단계 : 리포알람을 사용한다

배터리 보관에 있어 전압이 중요하다는 것을 앞서 설명했습니다. 그런데 여기서 생기는 의문이 있습니다. "배터리의 전압을 어떻게 확인해야 할까?"라는 것입니다. 이때 등장하는 녀석이 바로 '리포알람(Li-Po Alarm)'이라는 장비입니다. 다음처럼 생겼고, 뱅굿 직구 기준으로 5천 원 언저리에서 구매할 수 있습니다. 그리고 리포알람을 배터리에 연결하면 셀당 전압과 전체 전압을 보여줍니다.

 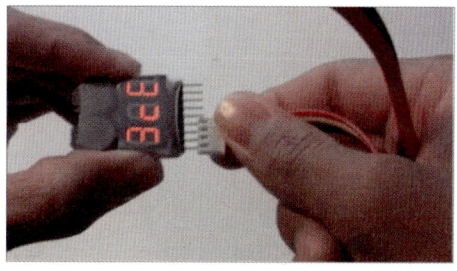

▲ 리포알람 출처 ds.com   ▲ 리포알람을 연결하는 모습 출처 ds.com

3단계 : 셀 밸런서를 사용한다

앞서 설명했듯이 셀 간의 균형이 깨지면 충전 시 특정 셀에만 과한 전압이 가해져 폭발할 수도 있습니다. 하지만 리포알람으로는 그런 사실을 확인만 할 수 있을 뿐이죠. 여기서 필요한 장비가 바로 셀 밸런서(Cell Balancer, LiPo Balancer)입니다.

▲ 셀 밸런서
출처 rceasy.com

셀 밸런서는 이름 그대로 각 셀의 전압 균형을 잡아주는 장치입니다. 충전된 배터리를 연결한 후 셀 밸런서를 작동시키면 전압을 조절해줍니다. 당연히 2셀 이상의 배터리를 연결해야 효과가 있습니다. 셀 밸런서는 전압 균형만 잡아줄 뿐, 자체적인 충전 기능은 없습니다. 가격은 리포알람보다 비싸서 뱅굿 직구 기준으로 2만 원 안쪽으로 구매할 수 있습니다.

4단계 : 고급 충전기를 사용한다

끝판왕입니다. 고급 충전기에서는 배터리 보관을 위해 필요한 모든 것을 할 수 있습니다. 고급 충전기의 가격은 첫째, 충전만 되는지 충전/방전이 다 되는지 둘째, 자체 전원 공급장치가 있는지 등에 따라 천차만별인데, 대략 5만 원~7만 원 정도 든다고 생각하면 됩니다. 가장 유명한 모델은 SKYRC에서 만든 'IMAX B6'입니다. IMAX B6의 경우 워낙 인기 있는 모델이다 보니 '짝퉁'이 있습니다. 짝퉁도 성능은 괜찮다는 평입니다만, 찜찜한 분들은 잘 알아보고 사야 합니다. 또 구성품에 전원

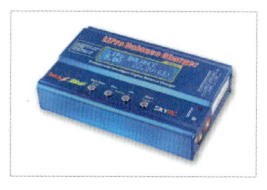

▲ IMAX B6
출처 skyrc.com

(AC) 어댑터가 포함되어 있는지도 반드시 확인해야 합니다. 그렇지 않으면 기껏 사놓고 못 쓰는 비극이 생길 수도 있습니다.

5단계 : 온도와 장소를 잘 관리한다

리튬 폴리머 배터리는 온도에 민감합니다. 주변의 온도가 너무 높으면 전압이 올라가 배가 부르거나 폭발할 위험성이 있습니다. 반대로 온도가 너무 낮으면 전압이 너무 내려가 못 쓰게 될 수도 있으므로 20°C 언저리를 유지해 주는 것이 좋습니다. 배터리를 자동차 트렁크에 보관하는 분들이 많은데, 한여름이나 한겨울에는 추천하지 않는 방법입니다. 적당한 온도 유지가 안 되기 때문이죠.

장소는 너무 습하지 않은 곳이 좋습니다. 직사광선을 피하고 폭발 시 사고를 예방하기 위해서 전용 백에 보관하거나, 군대에서 쓰는 탄약통에 드릴로 구멍을 뚫어 보관합니다. 전용 백은 1만 원~2만 원 사이, 탄약통은 2만 원~3만 원 정도에 구매할 수 있습니다.

▲ 배터리 전용 백 출처 getfpv.com

▲ 탄약통으로 만든 배터리 보관통 출처 midwayusa.com

Lesson 21

FPV 고글

드론을 날리는 목적은 다양합니다. 그냥 날리는 행위 자체를 즐기는 분도 있고, 영상 촬영을 위해 고가의 드론을 구매하는 분도 있습니다. 그리고 또 하나, 속도를 즐기기 위해 드론을 이용하는 분도 있습니다. '드론 레이싱'을 하는 분들이 이 범주에 속합니다.

드론 레이싱은 말 그대로 드론을 이용해서 누가 더 빠른지 경주를 하는 것인데, 이 드론 레이싱에서 빠지면 섭섭한 물건이 있습니다. 바로 FPV 고글입니다.

▶ FPV 고글을 쓴 모습
출처 blog.parrot.com

01. FPV란 무엇인가

'1인칭시점' 정도로 해석할 수 있는 FPV(First Person View)는 원격 조종 물체의 운전자나 파일럿이 된 것 같은 시점에서 조종하는 것을 말합니다. 이는 영상 전송 기술이 비약적으로 발달하면서 가능해졌는데, 원래는 FPV 전용 장비를 따로 구매해서 드론과 연결해야 했지만, FPV에 대한 욕구가 커지면서 별도의 장비 없이 스마트폰으로도 FPV가 가능한 드론도 생산되고 있습니다.

02. FPV 고글이란 무엇인가

FPV 고글은 말 그대로 FPV를 위해 만들어진 고글입니다. 물론, 일반적인 모니터 형태의 영상 출력장치로도 FPV를 즐길 수 있습니다만 박진감 측면에서 차이가 있습니다. 정말로 파일럿이 된 듯한 느낌을 받으려고 FPV 고글을 구매하는 사용자가 많습니다.

03. FPV 디스플레이에는 어떤 종류가 있는가

레이싱 드론이 촬영한 영상을 보고 비행을 하려면 모니터, 영상 수신기, 안테나와 같은 몇 가지 장비가 필요합니다. 현재는 드론에 장착하는 카메라와 영상을 전파로 바꾸는 장치가 하나의 FPV 모듈로 되어 있습니다. 그리고 FPV 카메라와 영상 신호를 송신하는 부품은 미니 드론에도 장착할 수 있을 만큼 하루가 다르게 그 기술이 발전하고 있습니다.

그렇지만 엄밀하게 영상을 확인하는 장치는 안테나를 포함한 영상 수신기와 영상을 확인할 수 있는 디스플레이로 구성됩니다. 형태에는 모니터형과 박스형, 안경형이 있습니다.

모니터형 FPV 모니터

영상 수신기와 일체형인 FPV 모니터는 가장 저렴하고 간편한 선택 중 하나입니다. 조종기 위에 설치할 수 있기 때문에 별도의 스탠드가 필요 없는 제품도 많습니다. 모니터로 FPV 비행을 하다가 언제든 기체를 살펴볼 수 있기 때문에 모니터 화면만으로 비행이 어려운 입문자에게는 좋은 선택지 중 하나입니다. 주변 사람에게 자신의 비행을 보여줄 수도 있고(그래서 갤러리용 모니터라고 부르기도 합니다.) 레이싱 드론을 정비할 때도 머리에 쓰거나 할 필요가 없기 때문에 편리합니다.

▶ 다이버시티 수신기가 내장되어 있는 FPV 모니터
출처 www.aomway.com

고가의 FPV 고글을 가지고 있는 사람들도 이런 편리한 점 때문에 FPV 모니터를 1개쯤 더 구매하기도 하니 FPV 모니터로 부담 없이 FPV 레이싱 드론에 입문하는 것도 좋습니다. 단점은 조그만 화면만으로는 아무래도 집중도와 실감이 떨어진다는 것입니다.

박스형 FPV 고글

FPV 모니터가 집중도를 떨어뜨린다면 모니터를 눈앞에 딱 붙여 놓고 보면 됩니다. 주변이 방해되나요? 그럼 주변을 막아봅시다. 모니터가 너무 가까워 보기 힘든가요? 그럼 앞에 돋보기 역할을 하는 필름을 넣으면 됩니다. 이렇게 박스형 FPV 고글이 탄생했습니다.

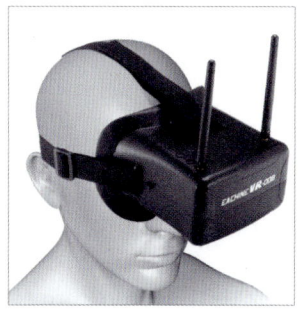

▶ 박스형 FPV 고글 출처 www.eachine.com

구조가 마치 구글의 VR 고글인 카드보드와 비슷한데 머리에 고정할 수 있는 밴드가 있기 때문에 FPV를 즐기기에 손색이 없습니다. 단점이라면 얼굴과 밀착되는 부분이 다소 뜨기 때문에 외부의 빛이 들어올 수 있고, 부피가 제법 커서 가지고 다니기 조금 거추장스럽습니다. 기온차가 있는 곳에서 비행하면 확대 렌즈에 김이 서려 비행을 방해할 때도 있습니다.

▶ 박스형 고글 중 모니터 부분이 분리되어 FPV 모니터로 사용할 수 있는 Eachine의 EV800

안경형 FPV 고글

안경형 FPV 고글은 지갑만 넉넉하다면 가장 폼나게 FPV 레이싱 드론을 즐기는 방법입니다. 눈앞에 바짝 붙어 있는 2개의 독립된 화면은 FPV 비행에만 집중할 수 있게 해줍니다. 선글라스 케이스 정도 크기로 운반하기에도 편해, 어디서든 간편하게 FPV를 즐길 수 있습니다.

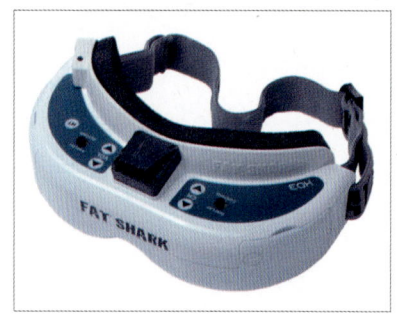

▶ FPV 고글계의 끝판왕 팻 샤크의 Dominator HD 3
출처 www.fatshark.com

안경형 고글은 가격에 따라 여러 가지 옵션을 더할 수 있는데 비행 영상을 메모리 카드에 저장하는 DVR 장치가 내장되어 있거나, 렌즈에 김서림을 방지하는 팬(Fan)이 장착된 모델도 있습니다. 헤드 트랙킹(Head Tracking) 기능은 고개를 돌리는 것으로 드론의 카메라 짐벌 방향을 바꾸거나 하늘에서 주변을 둘러볼 수 있습니다.

하지만 치명적인 단점도 있습니다. 비쌉니다. 아무리 고급 부품으로 레이싱 드론을 만든다고 해도 고글 가격을 넘기기 어렵습니다. 하지만 레이싱 드론에 이미 충분히 설렌 당신은 언젠가는 안경형 고글을 사게 됩니다. 구매할 때 주의할 점은 안경형 FPV 고글이 서양 사람의 얼굴을 기준으로 만들다 보니 착용했을 때 불편하거나 외부에서 빛이 들어올 수 있습니다. 주변에 고글을 가진 사람에게 잠시 빌려 착용감을 시험해보고 구매하는 것이 좋습니다.

사용할 때 가장 주의할 점은 고글 안쪽의 렌즈가 태양을 봐서는 안 된다는 것입니다. 눈앞에 화면을 크게 비추기 위한 렌즈가 직사광선을 화면에 집중시켜 화면이 파손되기 때문입니다. 이런 경우는 야속하게 무상 A/S 같은 것은 안 해 준다고 설명서는 강조합니다.

04. FPV 고글은 어떻게 구성되는가

영상 수신기와 안테나

앞서 살펴본 가장 많이 이용되는 모니터 장비를 꼼꼼히 살피면 대부분 안테나가 1개 또는 2개 달려 있습니다. 그런데 가장 고가의 제품이라는 안경형 FPV 고글을 보면 안테나가 없습니다. 고급 스마트폰이 안테나기기 속으로 만들어져 외부에 드러나지 않는 안테나입니다. 이것처럼 고글도 고급인 경우 인테나라고 여기고 싶지만 불친절하게도 최근 고급 제품들은 FPV 영상 정보를 수신하는 장치가 별매인 경우가 많습니다. 자비 없는 가격의 무자비함을 한 번 더 겪어야 손에 넣을 수 있는 그런 물건인 것입니다.

▶ 별도로 구매해서 장착할 수 있는 고글용 영상 수신기입니다.
더 좋은 성능의 수신기로 바꿀 수 있다는 것은 오히려 장점입니다.

드론도 RC를 기반으로 하고 있습니다. 즉 라디오 전파로 조종하는 장치라는 뜻입니다. 멀리 떨어진 드론을 조종하려면 라디오와 마찬가지로 보이지 않는 전파를 이용해야 합니다. 드론의 FPV 카메라가 촬영한 영상도 드론 조종기와 마찬가지로 라디오 전파를 이용합니다. 이 영상 전파를 읽고 모니터로 보내 주는 장치가 필요한데, 이것을 영상 수신기라고 합니다.

▶ 쿼넘의 다이버시티 수신기   출처 hobbyking.com

최근의 영상 수신기는 대부분 2개의 안테나가 달려 있습니다. 2개의 안테나 중에서 수신이 더 잘되는 안테나로 계속 바꾸면서 수신한다면 훨씬 안정적으로 영상을 얻는 것이 가능하기 때문입니다. 이런 수신 방법을 '다이버시티(Diversity)'라고 합니다. 많은 레이싱 드론 애호가들은 다이버시티 수신기에 각각 다른 특징을 가진 안테나를 달아서 사용합니다. 비행 중에 영상이 끊어지면 대단히 위험하기 때문이죠. 영상 수신에 사용되는 안테나는 특징에 따라 여러 가지 종류가 있습니다.

 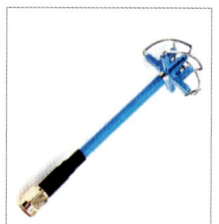

▶ FPV 장비를 사면 항상 하나씩 들어 있는 다이폴 안테나(좌)와 남들이 다 쓰니까 나도 하나 사는 클로버 안테나(우)

FPV 수신기나 수신기 일체형 FPV 고글을 구매하면 기본적으로 막대 형태의 다이폴 안테나(Dipole Antenna)가 들어 있습니다. 원래 안테나는 이 다이폴 안테나처럼 막대기 형태입니다. 옛날 텔레비전이나 라디오의 안테나를 생각하면 됩니다. 화면이 잘 안 나오거나 소리가 잘 안 들리면 안테나를 좌우로 흔들고는 했었죠. 이 막대형 안테나는 방향에 따라서 성능이 달라졌기 때문입니다.

다이폴 안테나도 FPV 영상에 사용하면 드론의 위치에 따라 화면이 나빠질 가능성이 생기게 됩니다. 그래서 원래 들어 있던 대부분의 죄 없는 다이폴 안테나는 서랍 어딘가로 귀양을 보내고 토끼풀처럼 생긴 독특한 외모의 안테나를 다시 구매해서 사용합니다. 이 안테나는 드론이 방향을 바꾸어 전파의 각도가 달라져도 수신율에 큰 변화가 없는 것이 장점입니다. 이 클로버 안테나(Cloverleaf Antenna)는 파손을 방지하기 위해 보호 케이스가 있는 경우가 많은데 꼭 버섯처럼 생겨서 버섯 안테나라고 부르기도 합니다.

 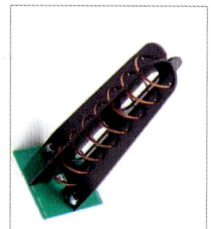

▶ 패치 안테나(좌)와 헬리컬 안테나(우)
출처 www.aomway.com

클로버 안테나가 모든 방향의 전파를 고루 받는다면 패치 안테나는 특정 각도에서 들어오는 전파를 집중해서 받도록 만들어진 안테나입니다. 드론 레이싱 경기는 한정적인 공간에서 진행되는 경우가 많기 때문에 경기장이 한눈에 들어오는 위치라면 패치 안테나가 신호를 더 민감하게 받기 때문에 유리합니다. 하지만 수신 범위를 넘어서는 순간 전파 수신율이 급격히 떨어지기 때문에 패치 안테나만 사용하는 경우는 드뭅니다.

헬리컬 안테나도 패치 안테나와 비슷한 특성이 있습니다. 이렇게 특정 범위의 전파 수신이 좋은 안테나는 드론을 멀리까지 보내도 수신이 잘 되는 특성이 있습니다.

사실 요즘은 이렇게 별도의 영상 수신기를 따로 가지고 다니지 않고 FPV 모니터와 고글의 안쪽에 집어 넣을 수 있는 소형 수신기가 더 선호됩니다. 물론 앞서 소개한 외장형 영상 수신기를 별도로 사용하는 것도 나름의 장점이 있습니다. 그러나 안테나를 세우기 위한 스탠드도 있어야 하고 이 수신기를 동작시킬 별도의 전원도 필요합니다. 게다가 모니터와 연결하기 위해 긴 전선이 필요합니다. 치렁치렁한 전선들과 싸우다 보면 드론 레이싱을 즐기기도 전에 지쳐버릴지도 모릅니다.

영상 수신기와 영상 모니터 연결

FPV 모니터와 고글 그리고 영상 수신기를 가만 살펴보면 정말 중요한 것은 어떻게 화면을 보느냐가 아니고 어떻게 FPV 영상을 수신하는가가 더 중요하다는 것을 알게 됩니다. 사실 FPV 영상은 아날로그 영상 규격을 따르기 때문에 영상 수신기에 어떤 모니터든 연결해서 사용이 가능합니다. 영상 커넥터만 맞는다면 말입니다. 영상 수신기는 대부분 RCA 케이블 커넥터로 영상이 출력됩니다.

▶ 어른들만 안다는 RCA 케이블 커넥터

RCA 케이블 커넥터가 익숙한가요? 옛날에는 비디오와 게임기 모두, 이 커넥터로 텔레비전에 연결했었습니다. 이 RCA 케이블 커넥터와 연결되는 모니터라면 어떤 것이든지 연결해서 FPV 화면을 볼 수 있습니다. 영화감상용 고글형 모니터(HMD, Head Mounted Display)도 이 단자가 지원된다면 FPV 고글처럼 사용할 수 있습니다. 빔프로젝터는 아직도 RCA 단자가 남아 있는 경우가 많습니다. 여기에 연결한다면 거대한 스크린으로 드론 레이싱을 즐길 수 있습니다.

▶ RCA 케이블 커넥터로 영상을 수신할 수 있는 모니터입니다. FPV용으로 사용하려고 차양을 만들어 달았습니다.

05. 드론과 FPV 고글의 미래는 어떤가

현재 최고 사양의 FPV 고글은 어떤 것이 있을까요? 안경형 FPV 고글은 양쪽에 각각 다른 모니터를 사용합니다. 만약 드론에 2개의 카메라를 설치해서 각각 다른 화면을 송신하고 각각 다른 화면으로 보여주면 3D 화면을 즐길 수 있습니다. 여기에 앞서 설명했던 헤드 트래킹 기능을 더하면 드론으로 구현되는 VR이 됩니다.

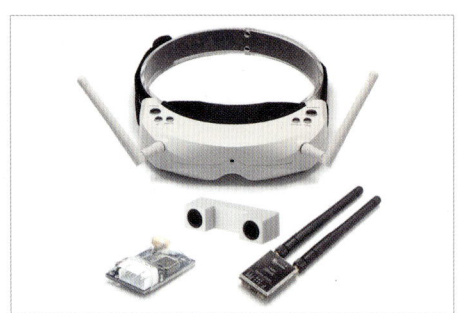

▲ 스카이존의 3D FPV 시스템
출처 www.skyzone.com

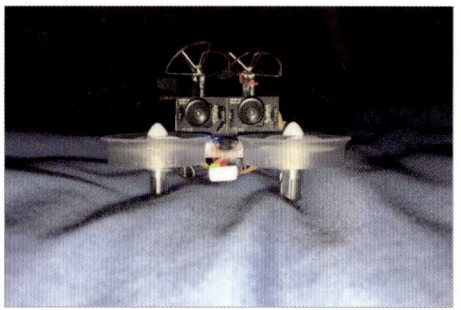

▲ FPV 카메라를 2개 달아 3D FPV가 가능하도록 만든 미니 레이싱 드론
출처 reddit.com

현재의 아날로그 전송 방식도 디지털 전송방식으로 바뀌게 될 것입니다. 비디오 대여점의 비디오 같은 FPV 화면도 선명하게 바뀌겠지요. 어쩌면 공원에서 날리는 드론이 아니라 내가 가보고 싶은 관광지나 남극, 북극 같이 쉽게 갈 수 없는 곳의 드론과 연결하여 안방에서 FPV로 비행할 수 있는 시스템이 나올지도 모릅니다. 영화 〈매트릭스〉나 〈공각기동대〉처럼 눈으로 보는 모니터가 아니라 뇌의 시신경으로 바로 연결되는 FPV가 나올지도 모를 일입니다. 이렇게 드론과 FPV 시스템은 여러분의 상상력을 기다리고 있습니다.

06. 대표적인 FPV 고글 제품에는 무엇이 있는가

그렇다면 FPV 고글 중에서 대표적인 제품에는 무엇이 있을까요? 여러 고글 브랜드가 있는데, 많은 사람의 사랑을 받는 대표 모델 3가지만 소개합니다. 고글 제품을 사용할 때에는 꼭 기억해야 할 사실이 하나 있습니다. 여기서 소개하는 제품을 국내에서 사용할 경우 전파법에 저촉된다는 점입니다. 국내 전파법상 5.8Ghz 주파수를 사용하면서 10mW 이상의 출력을 내는 제품은 사용이 불가능합니다. 이 법에 따르면 사실상 거의 모든 FPV 고글이 사용 불가 제품에 해당합니다. 독자 분의 궁금증을 해소해 드리기 위해 제품 소개를 싣게 되었지만 전파법이 개정되지 않는 한 국내에서의 사용은 가급적 지양하기 바랍니다.

팻 샤크 도미네이터 HD3

스카이존과 쌍벽을 이루는 팻 샤크의 제품입니다. 디스플레이는 분리형이며 해상도는 800×600입니다. 안테나가 1개뿐이라서, 다이버시티 기능은 제공하지 않습니다. 보통의 FPV 고글이 16개~32개의 채널을 제공하는 것에 반해, 도미네이터 HD3는 43개의 채널을 제공합니다. 여러 개의 채널을 제공하는 이유는 다른 사용자와 주파수 대역이 겹칠 수 있기 때문입니다. 주파수 대역이 겹치면 비행 중에 다른 사용자가 날린 드론의 화면이 들어올 수도 있습니다. 이렇게 되면 사고의 위험성이 높아집니다. 도미네이터 HD3의 경우, 상대적 많은 채널 수를 지원해 주파수 간섭 가능성을 대폭 낮췄습니다.

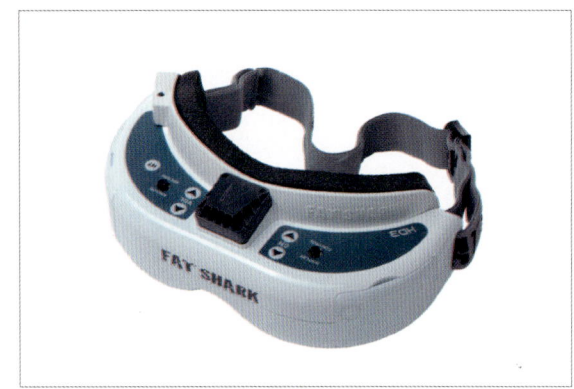

▶ 팻 샤크 도미네이터 HD3
출처 fatshark.com

스카이존 SKY02S V3

'스카이존 SKY02S V3'는 3D 영상을 FPV로 즐길 수 있다는 강점이 있습니다. 물론 2D 영상도 제공하며, 버튼 하나로 3D와 2D를 넘나들 수 있습니다. 디스플레이는 분리형이며 해상도는 854×480입니다.

고글의 양쪽에 부착된 안테나가 영상 수신기 역할을 합니다. 안테나가 2개이기 때문에 다이버시티 기능을 제공합니다. 앞쪽 가운데에 아주 작은 카메라 렌즈가 달려 있어, 전송되는 영상 말고 다른 곳을 볼 때 고글을 벗을 필요가 없이 버튼 하나만 누르면 됩니다. 40개의 채널(주파수 대역)을 제공합니다. 가격은 38만 원 정도입니다.

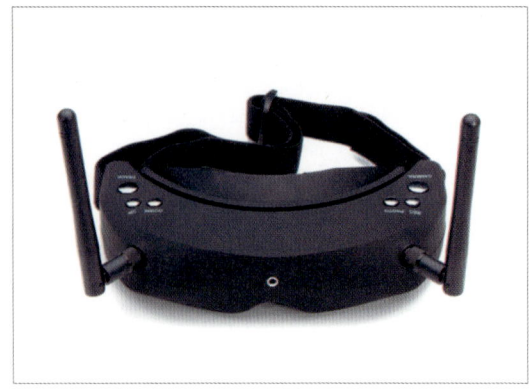

▶ 스카이존 SKY02S V3 출처 banggood.com

쿼넘 Complete FPV 번들

쿼넘은 고글만 생산합니다. 그래서 스카이존의 송수신 장치를 묶은 번들 상품을 내놓았는데, 앞의 두 모델과 다른 점은 디스플레이가 일체형이라는 것입니다. 해상도는 640×480

이지만 체감 해상도는 실제 해상도보다 많이 떨어집니다. 아무래도 저가형 모델이다 보니 성능 면에서는 앞서 소개한 모델에 미치지 못합니다. 채널 수는 32개입니다.

▶ 쿼넘 Complete FPV 번들
출처 hobbyking.com

이 3가지 모델의 내용을 간략하게 정리하면 다음과 같습니다.

구분	팻 샤크 Dominator HD3	스카이존 SKY02S V3	쿼넘 Complete FPV 번들
가격(배송비 포함)	약 55만 원	약 44만 원	약 12만 원
해상도	800×600	854×480	640×480(일체형)
채널 수	43개	40개	32개
정격 전압	7V~13V	7V~26V	7V~13V
다이버시티	불가능	가능	불가능
3D 기능	제공	제공	미제공
무게	152g	190g	930g

Lesson 22
카메라 스펙 읽기

처음 촬영을 위해 만들어진 드론은 카메라를 흔들리지 않게 만들어 주는 짐벌에 기존에 사용하던 전문 카메라를 달아서 사용했습니다. 여전히 전문적인 영상을 만들기 위해서는 어떤 종류의 카메라든 연결할 수 있는 짐벌이 달린 드론이 사용되지만 카메라가 무거우면 무거울수록 드론도 거대해져야 합니다.

하지만 지금은 아무리 토이급 드론이라도 대부분 카메라를 가지게 되었습니다. 심지어 드론에 달려 있는 카메라만으로도 전문적인 촬영이 가능할 만큼 발전했습니다.

▶ 전문 촬영용 드론 인스파이어. 이 장비만으로 영화 촬영을 할 만큼 강력합니다.
출처 www.dji.com/inspire-2

그러니 드론을 구매할 때 편리한 자동 기능들, 좀처럼 내려올 줄 모르는 긴 비행시간, 그리고 이 모든 것을 갖추고도 지갑 전부를 털어가지 않을 참신한 가격 외에도 카메라의 사양을 꼼꼼히 살펴야 합니다. 드론에 달려 있는 카메라의 스펙이 어떤 의미를 가지고 있는지 이해한다면 나에게 꼭 맞는 드론을 찾는 데 도움이 되지 않을까요?

01. 드론의 카메라, 어떤 것이 좋을까

추억의 카메라인 필름 카메라는 사진을 다 찍고 나면 필름을 처음으로 감아서 사진관에 맡겨야 했던 조금 복잡한 물건이었습니다. 하지만 디지털 카메라가 필름 카메라의 자리를 차지하기 시작하더니 사진가들이나 사용하던 SLR(Single Lens Reflex, 일안반사식) 카메라마저 디지털을 달고 DSLR 카메라로 바뀌어 버렸습니다. 지금은 이마저도 사용의 간편함과 사진을 바로 공유할 수 있는 즐거움 때문에 스마트폰 카메라로 바뀌어 버렸습니다.

디지털 기술은 긴 카메라의 역사를 순식간에 스마트폰에 달린 부품 정도로 바꾸어 버렸지만, 처음부터 디지털 기술로 시작한 드론의 카메라는 조금 다른 방향으로 발전합니다. 스마트폰의 초소형 렌즈와 센서만으로도 훌륭한 사진을 찍을 수 있기 때문에 그 모듈이 그대로 드론에 사용되기 시작한 겁니다.

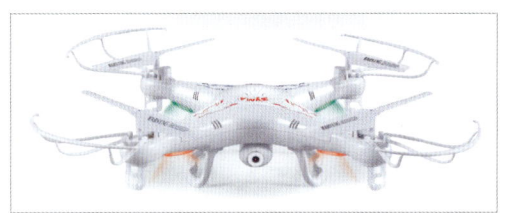

▶ 매우 저렴한 가격에 카메라까지 달려 있는 국민드론 시마 X5C입니다.
출처 www.symatoys.com

하지만 X5C로 시작된 사소한 사진 욕심은 결국 더 좋은 영상을 위해 DJI의 팬텀을 거쳐 인스파이어로 우리를 이끌게 됩니다. 스마트폰에 들어가는 작은 카메라 모듈은 해결해주지 못하는 더 좋은 촬영에 대한 갈증을 고성능 카메라는 채워주니까요. 그래서 고화질의 영상을 위해 드론은 DSLR에 사용하는 렌즈와 기술을 장착하게 되었습니다.

여기서는 카메라의 스펙에 대해 알아보기 위해, 스마트폰 카메라를 사용하는 드론과 전문 촬영 카메라를 사용하는 드론으로 나누어 살펴보겠습니다.

02. 스마트폰과 같은 카메라 모듈을 가진 드론의 눈

우리에게 익숙한 시마 X5C 드론이나 패럿의 드론은 작은 카메라가 드론과 한 몸으로 붙어 있습니다. 이렇게 작은 카메라 모듈은 스마트폰이나 감시용 CCTV 카메라에 사용되던 제품입니다. 제품의 수명이 짧은 스마트폰 시장에서 신제품이 더 좋은 카메라를 달고 시장에 출시되면 기존의 스마트폰용 카메라는 가격이 곤두박질쳤습니다. 그 덕분에 카메라 제조사들은 가지고 있는 카메라를 드론에 저렴하게 공급할 수 있었습니다.

▶ 작은 드론에 적합한 스마트폰의 고성능 카메라
출처 www.apple.com/iphone-7

하지만 점차 드론 시장이 성장하면서 드론을 위한 카메라도 발전하게 됩니다. 작은 크기의 카메라 모듈이 사용된 드론은 어떤 스펙을 가지고 있을까요? 대표적인 드론으로 패럿의 비밥 2의 카메라를 살펴보겠습니다.

패럿 비밥 2 카메라 사양

- F2.3 어안 렌즈
- Digital Stabilization(Parrot System)
- 8GB 플래시 메모리
- CMOS 1400만 픽셀
- 사진 해상도 : 4096×3072p
- 사진 포맷 : JPEG, RAW, DNG
- 동영상 : 30fps
- 동영상 해상도 : 1920×1080p
- H264 비디오 인코딩

알듯 말듯한 숫자들을 좀 더 상세히 알아봐야겠습니다. 복잡해 보인다고 선뜻 지갑을 열어서는 안 되니까요.

▶ 카메라 사양 정보가 드론 앞에 당당히 표시된 것을 보면 무엇인가 자랑할 만한 내용인 듯합니다.
출처 www.parrot.com

비밥 2의 눈동자 F2.3 어안 렌즈

F2.3과 어안 렌즈가 눈에 띕니다. 사진 찍기가 취미인 분에게는 익숙한 단어입니다. 어안 렌즈에서 '어안'은 '물고기 눈'이라는 뜻입니다. 세상을 둥글게 왜곡해서 볼 수 있게 해주는 렌즈죠. 높은 곳에서 내려다보는 드론의 눈은 많은 풍경을 담는 편이 좋기 때문에 이런 렌즈가 유리합니다. 스마트폰 카메라에 달면 주변의 풍경을 더 많이 담을 수 있는 액세서리 렌즈를 본 적이 있죠? 바로 그 렌즈도 어안 렌즈의 한 가지입니다.

F2.3은 무엇일까요? 2.3은 조리개 값이라고 하는데, 사람의 눈과 비교하면 이해하기 쉽습니다. 사람의 눈은 어두운 곳에서 동공이 커지고 밝은 곳에서는 작아지죠. 카메라도 이와 같이 빛의 양을 조절할 방법이 필요합니다.

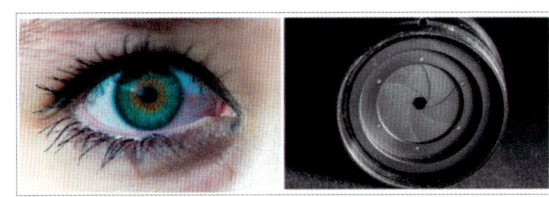

▶ 사람의 눈(좌)과 카메라의 조리개(우) 비교
출처 pixabay.com

카메라는 렌즈를 통과할 때마다 아무래도 빛의 양이 줄어들기 마련입니다. 그러니 빛을 많이 받을 수 있다는 것은 상당한 자랑거리가 됩니다. 정확한 숫자의 의미는 렌즈의 초점 거리를 빛이 들어오는 크기로 나눈 값입니다.

자세히 계산하기에는 너무 바쁘기 때문에 F값이 1.4일 때 빛이 전부 들어온다는 기준으로 그 값이 커질수록 빛의 양이 점점 작아진다고 이해하면 됩니다. 2.3이면 너무 어두운 게 아닌가라고 생각하나요? F1.4 렌즈의 가격을 검색해보면 마음이 달라질 겁니다.

F2.3은 기대했던 것보다 좋은 렌즈입니다. 우리가 가장 많이 사용하는 자동 카메라는 사진을 크게 확대하는 줌 기능이 있는데, 이때 확대하기 위해 앞뒤로 움직이는 렌즈는 주로 F2.8 렌즈가 사용됩니다. F2.3의 비밥 2가 찍어주는 미소는 일반 카메라보다 더 환하게 찍을 수 있습니다.

흔들리지 않는 사진을 위한 Stabilization 기능

Stabilization은 '안정', '고정'이라는 뜻인데, 하늘에 떠 있는 드론에게 짐벌도 없이 Stabilization이라니 무슨 뜻일까요?

뭔가 대단한 기술이 녹아든 듯한 이 단어의 의미는 사실 우리가 잘 알고 있는 '손 떨림 방지' 기능입니다. 드론이 떨지 않으면 상관없지만 하늘에 올라가 있으면 떨기 마련입니다. 짐벌도 없는 비밥 2 같은 드론에게 이 기능은 큰 효능을 발휘합니다.

가장 좋은 방법은 당연히 움직이는 카메라를 잡아 줄 짐벌이지만, 짐벌이 없다면 일단 렌즈만이라도 잡아보자는 방식이 있습니다. 이것을 '광학 손 떨림 방지 기능'이라고 합니다. 렌즈가 움직이도록 만드는 방법 말고 빛을 받아들이는 센서를 움직여도 되는데, 그게 딱 봐도 쉽지 않을 것 같습니다. 그래서 드론에서는 좀 더 간편한 방법으로 아주 작은 빛이라도 카메라가 흔들리기 전에 냉큼 받는 방법을 사용합니다. 아주 민감한 센서를 사용해서 말입니다.

이렇게 하면 화면이 조금 거칠어지더라도 훌륭한 영상을 담을 수 있습니다. 어떤 드론도 진동에서 자유로울 수 없으니 짐벌 없이 좋은 사진을 기대하려면 Stabilization 기능이 있는 드론을 선택하는 게 좋습니다.

선명한 사진을 좌우하는 센서과 픽셀

'1400만 픽셀'이란 의미는 한때 스마트폰을 고를 때 중요한 자랑거리였습니다. "1400만 개의 점으로 사진을 만들 수 있다"고, TV 광고에서 하도 교육을 해 잘 알고 있지만 CMOS! 이건 또 뭔가요?

▶ 사진을 바꿔도 구별하지 못할 듯한
  CMOS 센서(좌)와 CCD 센서(우)입니다.
  출처 위키백과(www.wikipedia.org)

　몰라도 될 것 같은 CMOS는 카메라에 빛을 받아들이는 센서입니다. 옛날 카메라의 필름 같은 것이죠. 디지털 카메라에 사용되는 센서는 CMOS와 CCD가 있습니다. 원래 CCD(Charge Coupled Device) 센서는 바둑판을 만들고 각 상자마다 얼마나 빛이 들어오는지 주욱 읽어서 저장하는 센서입니다. 화질이 선명하고 노이즈도 적습니다. 그런데 이 센서가 빛을 주욱 읽는 데 시간이 많이 걸리고 전기도 제법 많이 필요해서 빛을 좀 빨리 읽는 방법이 필요했습니다. 그래서 나온 센서가 CMOS(Complementary Metal Oxide Semiconductor)입니다.

　CMOS는 빛을 주욱 읽는 대신에 한꺼번에 훅 읽는 방식을 사용합니다. 심지어 가격도 저렴합니다. 하지만 노이즈가 많은 단점도 있었죠. 그래서 얼마 전까지만 해도 가급적 CCD 센서를 가진 카메라를 추천했지만 지금은 각각의 센서가 모두 발전해서 어떤 것이 더 좋다고 꼭 집어 말하기가 어렵게 되었습니다. 해상도는 거의 1400만 픽셀을 사용해서 가로와 세로의 점들이 4096×3072의 해상도로 사진을 찍을 수 있습니다. 해상도가 높을수록 화면의 정보를 많이 담을 수 있기 때문에 크면 클수록 좋은데 이 해상도라면 A4 용지의 2배인 A3 용지 크기에 사진을 인화할 수 있습니다.

 일반 사진과 Full HD 해상도
- 가장 많이 찍는 4×6 크기의 사진은 1024×768 이상이면 충분합니다.
- 동영상의 경우 1920×1080p 정도면 Full HD 텔레비전 화면을 가득 채울 수 있습니다.

03. 최고의 광학 카메라를 가진 드론의 눈

스마트폰 카메라로 찍은 사진만으로 사진전을 열 수 있을만큼 스마트폰 카메라의 성능 자체는 뛰어나지만, 아무나 함부로 다가갈 수 없는 하늘에서 사진을 찍는다면 아무래도 스마트폰 카메라로는 아쉽습니다. 그래서 더 높은 성능을 내려면 더 큰 카메라가 필요합니다.

안정적인 화면을 담기 위해 짐벌에 고성능 카메라를 가진 드론은 이제 누구나 전문가가 찍은 것 같은 멋진 화면을 만들 수 있도록 도와줍니다. 이 취미용 촬영 드론에는 잘 알고 있는 DJI의 팬텀 시리즈가 대표적입니다. 심지어 방송국에서도 팬텀 제품을 사용하고 있으니 짐벌 카메라의 스펙을 살펴보기에 팬텀의 카메라보다 적당한 카메라는 없을 듯합니다.

DJI 팬텀 4 프로 카메라 사양

- 1인치 CMOS 2000만 픽셀
- 1/2000초 기계식 셔터
- 최대 ISO 12800
- F2.8 광각 렌즈
- 14프레임 연사 촬영
- H264 4K/60fps, H265 4K/30fps 동영상 촬영

▶ 팬텀 4 프로는 DJI의 최고 사양 팬텀 제품인만큼 카메라의 자태도 매우 멋집니다.
출처 www.dji.com/phantom-4-pro

세상의 모든 풍경을 담을 1인치 센서

고사양의 카메라 앞에서 어떤 무시무시한 전문 용어들이 나올지 잔뜩 긴장했지만 의외

로 크게 다른 부분은 많지 않습니다. 당연하지만 비밥 2와 비교해서 숫자들이 많이 큰 것을 빼고 말이죠. 팬텀 4 프로 역시 CMOS 센서를 사용합니다.

1인치에 2000만 픽셀입니다. 한 장의 사진에 2000만 개의 점을 사용하고 이 많은 점을 찍는데 1인치 크기의 센서가 사용됩니다. 2000만 픽셀로 찍을 수 있는 사진의 해상도라면 A4 용지의 4배인 A2 크기의 사진까지 찍을 수 있습니다. 팬텀 4 프로라면 포스터 정도는 가볍게 만들 수 있습니다.

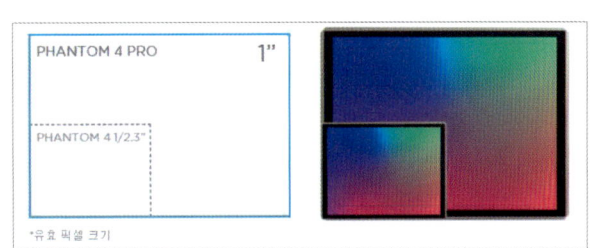

▶ 팬텀과 비교할 자는 팬텀뿐인 것 같습니다. 안 그래도 큰 센서를 더 키웠습니다.
출처 www.dji.com/phantom-4-pro

카메라는 빛을 렌즈로 모아서 필름에 그 빛을 남기는 장치입니다. 지금의 카메라는 필름 대신에 CMOS나 CCD 센서를 사용하죠. 필름도 마찬가지지만 빛을 기록하는 센서는 크면 클수록 더 섬세한 빛을 받을 수 있습니다. 모처럼 3일을 굶고 찾아간 뷔페식당에서 조그만 샐러드 접시를 선택하는 것보다 큰 접시를 선택하는 것이 다채로운 음식을 짧은 시간에 많이 담을 수 있는 것과 비슷합니다.

뛰어난 성능을 자랑하는 아이폰 7이 1/3인치 크기의 센서를 사용하는 것을 생각하면 1인치 센서로 얼마나 섬세한 색상을 찍을 수 있을지 짐작이 갑니다.

찌그러지지 않는 사진을 위한 기계식 셔터

팬텀 4 프로 카메라는 특이하게도 기계식 셔터가 장착되어 있습니다. 셔터는 사진이 찍히는 순간만 빛을 감지하도록 하는 장치입니다. 하지만 필름이 아닌 CMOS나 CCD에서는 꼭 필요한 장치가 아닙니다. 그냥 센서가 받은 빛의 정보를 필요한 순간만 저장하면 그만이니까요. 그런데 팬텀 4 프로는 일부러 그것도 1초에 2000번이나 닫았다 열었다 하는 셔터를 장착했습니다.

▶ 기계식 셔터로 찍은 왜곡 없는 사진(상)과
전자식 셔터로 찍은 왜곡된 사진(하)
출처 www.dji.com/phantom-4-pro

위 사진 중 아래 사진과 같은 화면 왜곡은 CMOS 센서가 가진 약점 때문입니다. CMOS 센서의 특징은 센서가 받은 빛의 정보를 한꺼번에 저장한다고 설명했는데 정확하게는 한 줄씩 한 줄씩 끝없이 저장하는 방법을 사용합니다. 그러니까 엄청나게 빠른 속도로 움직이는 물체를 찍는다면 한 줄을 받는 사이에 다음에 받는 줄은 옆으로 움직여 버리는 것이죠. 그것을 막기 위해 아예 기계적인 방법을 동원해서 한 줄씩 받지 않고 한꺼번에 화면을 받는 것을 선택한 것 같습니다.

사실 CCD 센서는 CMOS 센서와 달리 한 화면을 모아서 보내줍니다. 그러니까 저 왜곡된 가로등은 CCD 센서에서는 나타나지 않는 현상인 거죠. CCD 센서를 사용한다면 기계식 셔터를 사용하지 않아도 되지 않았을까 하는 의문도 잠깐 들었지만 CCD가 아닌 CMOS를 선택해야 했던 나름의 이유가 있었겠죠.

얼마나 빛에 민감한가? ISO 12800

ISO는 카메라에서 사용되던 용어입니다. 좋은 카메라일수록 작은 빛도 놓치지 않아야 하기 때문에 렌즈를 어떻게 하면 투명하게 만들지 고민했습니다. 그래서 F1.4 렌즈 같이 맑고 투명한 렌즈를 만들었지만 너무 공들이다 보니 가격이 비싸지는 것은 어쩔 수 없었습니다. 좀 저렴한 렌즈를 쓰더라도 빛을 받는 센서가 아주 민감하면 어떨까요? 물론 투명하고 순결한 렌즈보다는 떨어지겠지만 센서는 대량으로 만들 수 있으니까 렌즈를 하나하나 깎는 것보다 저렴합니다.

ISO 100은 표준 필름이 빛을 감지할 수 있는 정도를 의미합니다. 이보다 더 많은 빛을 받을 수 있는 필름을 ISO 200이라고 합니다. 아이폰 7의 카메라는 ISO를 1600까지 설정할 수 있습니다. 그러니까 팬텀 4 프로의 ISO 12800은 올빼미 눈 같은 성능을 의미합니다. 이 높은 ISO는 아주 작은 빛에도 민감하게 반응하기 때문에 아무리 빨리 움직이는 물체도 선명하게 찍을 수 있다는 의미입니다. 빨리 움직이는 물체의 빛은 금방 사라지기 때문입니다. 팬텀 4 프로가 초당 14장의 사진을 빠르게 찍을 수 있는 이유가 짐작이 갑니다. 물론 높은 ISO는 어두운 야간 촬영에도 유용합니다. 그런데 일몰 후에는 비행이 금지인 우리나라에서 이 뛰어난 기능은 언제 쓸 수 있을지 모르겠네요.

광각 렌즈와 어안 렌즈

광각 렌즈는 어안 렌즈의 또 다른 말입니다. 어안 렌즈는 물고기 눈이라는 좀 과장된 느낌을 가지고 있지만 광각 렌즈는 넓은 각도를 볼 수 있다는 뜻에서 느낌이 좀 다를 뿐이지요. 뜻밖에 F2.8로 비밥 2의 F2.3보다 좀 더 어두운 렌즈가 사용되었습니다.

하지만 팬텀 4 프로의 카메라에는 모두 8개의 렌즈가 들어 있습니다. 카메라 모듈에 들어가는 렌즈가 보통 3개~4개 정도인 것을 생각하면 F2.8이 더 나쁘다고 말하기 어렵습니다. 그런데 뭐하러 렌즈를 8개나 넣었냐고요? 여러 가지 이유가 있지만 렌즈가 많을수록 찍은 사진의 왜곡이 적기 때문입니다.

그밖에도 H264보다 2배나 더 작은 용량으로 동영상을 압축할 수 있는 H265도 지원합니다(웬만하면 숫자가 높을수록 좋은 것입니다). 이렇게 영상을 작게 압축하려면 더 강력한 컴퓨터가 필요합니다. 이렇게 고해상도의 영상을 장시간 찍으려면 일반적인 방법으로는 저장하기 힘들지 않았나 싶습니다.

Part 03

드론 비행하기

자동차는 차도로 다녀야 하고, 사람들은 인도로 다녀야 합니다. 그리고 비행기도 하늘을 날긴 하지만 비행기의 종류에 따라 고도라는 것이 정해져 있어 그 고도에 맞춰 날아야 합니다. 그렇다면 드론의 경우는 어떨까요? 드론도 하늘을 날긴 하지만 그 크기가 작으니 그냥 아무 곳에서 날리면 되지 않을까요?

아닙니다. 드론도 항공 관련법의 적용을 받는 어엿한 비행기(?)입니다. 따라서 드론을 아무 곳에서나 날리면 안 되고 드론을 날릴 수 있는 장소와 고도가 따로 정해져 있습니다. 그리고 이를 어길 시에는 관련 규정에 따라 처벌을 받을 수도 있습니다.

그렇다면 드론을 쉽게 날릴 수 있을 거란 생각은 잘못된 것일까요? 아닙니다. 3부에서 설명하는 드론 관련 규정과 비행가능지역만 잘 기억하고 있으면 드론을 쉽고 편하게 날릴 수 있습니다.

Chapter 06
드론 비행 지역

드론을 날리기 위해서 필요한 장비도 웬만큼 갖추었으니 이제 드론을 날리려고 하는데, 또 다른 장애물이 우리를 가로막습니다. 바로 드론을 날릴 수 있는 지역이 따로 있다는 장애물입니다. 물론 실내에서 날리는 토이급 드론이야 상관없겠지만 실외에서 날리는 드론은 규정상 비행이 허용된 범위에서만 날려야 합니다. 혹시 대전에 살고 있다면 더 큰 좌절을 겪게 됩니다. 대전의 거의 모든 지역은 드론 비행금지구역이기 때문입니다. 6장에서는 서울에서 드론을 날릴 수 있는 지역을 소개하고 비행금지구역 여부를 확인하는 방법을 소개해두었으니 밖으로 나가기 전에 한 번 더 확인하기 바랍니다.

Lesson 23
드론 나들이 장소 BEST 13

이 절에서는 지역별로 드론을 날리기에 좋은 장소들을 선별했습니다. 그리고 한걸음 더 나아가 비행가능구역 중에서도 나들이에 최적화된 곳들로 엄선했습니다. 드론을 날리는 분뿐만 아니라 가족들도 만족할 만한 장소들이 아닐까 합니다.

01. 서울 및 수도권

대부도(경기)

이미 잘 알려진 관광지 대부도는 드론 마니아들의 성지이기도 합니다. 테마파크나 시화 방조제 등 멋진 영상을 촬영할 수 있는 장소가 많기 때문입니다. 게다가 교통도 편리한 편이고, 숙박시설이나 음식점 등도 잘 갖춰져 있어서 가족여행을 하기에 안성맞춤입니다. 대부도가 어떤 곳인지 영상을 통해 확인해보면 도움이 될 겁니다.

▶ 대부도(경기)
출처 youtu.be/MD3DvVfJrql

송도달빛축제공원(인천)

'인천 펜타포트 록 페스티벌'이 열리는 곳이자, 각종 공연의 중심지로 떠오르고 있는 송도달빛축제공원은 드론의 메카이기도 합니다. 송도달빛축제공원의 영상도 안 볼 수 없겠죠?

▶ 송도달빛축제공원(인천)
출처 youtu.be/asR1ZKucbgg

남양주 한강시민공원(경기)

'삼패지구'라는 말로 더 유명한 남양주 한강시민공원도 아는 사람은 다 아는 명소입니다. 피크닉 장소가 마련되어 있어 나들이 장소로 제격입니다. 봄을 지나 여름이 되면 시원한 분수대에서 물놀이도 즐길 수 있다고 합니다.

▶ 남양주 한강시민공원(경기)
출처 youtu.be/hTOmdJKxJMU

안양천(서울)

서울은 대부분의 지역이 비행금지구역과 비행제한구역으로 묶여 있는데, 가뭄의 단비 같은 장소 중 하나가 금천구 안양천입니다. 자전거 도로 역시 아주 유명한 곳이므로 자전거와 드론을 모두 즐기는 분들에게 안성맞춤인 장소입니다. 드론을 메고 자전거를 타면 2배로 힘들겠지만 말입니다.

▶ 안양천(서울)
　출처 youtu.be/vWgj_ce90vw

02. 강원도

바위공원

평창군에 위치한 바위공원은 캠핑장으로 잘 알려진 곳입니다. 강원도 경치야 더 말할 필요가 없을 겁니다. 인근에 평창향교나 뇌운계곡 같은 관광지도 가까이 있습니다. 가족과 함께 캠핑도 즐기고 드론도 날리고, 그야말로 일석이조의 장소입니다.

▶ 바위공원
　출처 koreatrails.or.kr

원주종합운동장

원주시민들의 건강한 생활을 책임지는 원주종합운동장은 드론 마니아들의 취미 생활에도 일조하고 있습니다. 행사가 없을 때는 무료로 이용할 수 있고 인조잔디가 깔려 있기 때문에 드론이 착륙할 때 안전하다는 장점도 있습니다. 한 손에는 공, 한 손에는 드론을 들고 방문해서 운동도 하고 드론도 즐기면 참 좋겠습니다.

▶ 원주종합운동장
출처 kleague.com

03. 충청도

원남저수지 캠핑장

음성군에 위치한 원남저수지는 위험한(?) 곳입니다. 즐길거리가 너무 많아서 집에 돌아가기 싫어질 수 있기 때문입니다. 원남저수지는 드론, 낚시, 캠핑이라는 환상의 3중주를 모두 갖춘 명소입니다. 신나게 드론을 날리고, 배터리를 충전하면서 낚시도 하고, 하룻밤 캠핑을 즐기는 시나리오가 가능합니다.

▶ 원남저수지 캠핑장
출처 youtu.be/ykY4_xc96lw

예당저수지

예산군에 위치한 예당저수지는 여의도 면적의 3.7배로, 우리나라에서 가장 큰 농업용 저수지입니다. 실제로 보면 바다에 온 듯한 느낌이고 먹거리로는 민물어죽이 유명합니다. 바다 같이 넓은 저수지 위에서 드론을 날리고, 민물어죽을 먹으면 정말 행복할 겁니다.

▶ 예당저수지
출처 polinlove.tistory.com

04. 전라도

벽골제

벽골제는 우리나라 최고(最古)의 저수지입니다. 처음 설치된 연도가 무려 330년입니다(1330년이 아닙니다). 김제시를 대표하는 명소로, 근처에 벽골제 농경문화박물관, 아리랑문학관 등이 자리하고 있습니다. 자녀가 있는 분이라면 자녀들에게 박물관과 문학관에서 인문학적 감성을, 드론 조종을 통해 자연과학의 정수를 체험하게 해줄 수 있습니다.

▶ 벽골제
출처 youtu.be/TP856yUztWY

거징이쉼터

이름이 참 독특합니다. 옛날에 '거진나루'라는 수상교통의 요지가 있었는데, 그 터에 만들어진 곳이 '거징이쉼터'라고 합니다. 거진이 거징이 된 겁니다. 거징이쉼터는 광주를 대표하는 드론 명소인데, 매우 넓은 것으로 잘 알려져 있습니다. 산책로가 굉장히 잘 조성되어 있으니, 조종으로 짜릿한 손맛을 즐긴 후 산책의 여유를 만끽하면 됩니다.

05. 경상도

대동생태공원

김해시에 위치한 대동생태공원은 3가지로 유명합니다. 첫째, 사람이 많이 없는 편입니다. 둘째, 사회인 야구리그가 열리는 곳입니다. 셋째, 드론을 날리기에 좋습니다. 비슷한 이름의 대저생태공원은 사람들이 많이 찾는 곳인데, 비행금지구역이라고 합니다. 드론 애호가들에게 좋은 공원의 첫 번째 기준은 역시 "드론을 날릴 수 있을 것"이 아니겠습니까? 물론, 야구공은 조심해야 합니다.

06. 제주도

성산 일출봉

사실 제주도는 이 리스트에 속하는 것이 별로 의미가 없습니다. 비행금지구역만 아니라면 아무 곳에서나 드론을 띄워 촬영을 하면 작품이 나오기 때문입니다. 그렇지만 우리만 빼놓느냐는 제주도민들의 항의가 있을지 몰라 선정을 해봤습니다. 첫 타자는 전국적으로 유명한 해돋이 명소 성산 일출봉입니다. 이 성산 일출봉을 포함한 이 일대 해역은 천연기념물로 지정됐을 정도입니다.

섭지코지

화려한 유채꽃밭이 유명한 섭지코지는 수학여행의 필수 코스이기도 합니다. 3월~4월이 유채꽃 절정기이므로 그때 놀러가면 좋을 것 같습니다. 드라마 〈올인〉, 〈여명의 눈동자〉와 영화 〈단적비연수〉의 촬영 장소로도 잘 알려져 있습니다. 거듭 강조하지만 제주도에서의 드론 촬영은 반칙입니다. 아무 곳이나 찍어도 멋지기 때문입니다.

▶ 섭지코지
출처 youtu.be/qW8vJTiN8I

지금까지 드론을 챙겨서 나들이 가기 좋은 곳들에 대해 알아봤습니다. 꼭 기억했다가 가족들과 함께 행복한 추억을 남기길 바랍니다.

Lesson 24 비행금지구역의 모든 것

드론은 장난감처럼 생기긴 했지만 항공기와 충돌할 경우 큰 사고로 이어질 수 있을 뿐만 아니라, 국방상의 보안을 침해할 위험도 있습니다. 따라서 드론 비행을 할 때는 항공기에 준하는 규칙을 준수하도록 되어 있습니다. 법규라고 하니 복잡해 보이지만 또 알고 보면 그렇게 복잡하지도 않습니다.

"비행금지장소 = 비행승인을 받아야 하는 곳"입니다.

이 지역에서 드론을 날릴 경우, 시마 X5C 같은 토이 드론도 예외없이 비행승인을 받아야 합니다. 물론, 비행승인을 받는 곳은 지역별로 다르고 비행승인을 받지 않고 비행금지구역에서 비행하면 과태료를 물게 되는데, 과태료는 최대 200만 원입니다(규정을 1회 위반하면 20만 원, 2회 위반하면 100만 원, 3회 이상 위반하면 200만 원입니다). 그리고 항공안전법 제129조, 시행규칙 제310조에 따르면 비행금지장소는 다음과 같습니다.

❶ 비행금지구역(휴전선 인근, 서울 도심 상공 일부)
❷ 모든 지역에서 150m 이상의 고도
❸ 관제권(비행장으로부터 반경 9.3km 이내인 곳)
❹ 모든 지역에서의 인구밀집지역 또는 사람이 많이 모인 곳의 상공

01. 비행금지구역(휴전선 인근, 서울 도심 상공 일부)

국방상의 이유로 비행이 금지된 구역입니다. 앞서 설명했듯이 이 지역에서는 토이 드론이라도 비행승인 없이 드론을 날리면 과태료가 부과되니 조심하기 바랍니다.

▶ 드론 비행금지구역

'비행금지구역'말고도 '비행제한구역'이라는 것이 있습니다. 아래 지도에 녹색으로 표시된 구역인데, 이 구역에서는 고도 150m 미만, 시계 거리 내에서만 비행이 가능합니다. 이 규칙은 일반적인 지역과도 동일하기 때문에, 사실 크게 신경쓸 필요는 없습니다.

▶ 드론 비행제한구역

하지만 다른 지역은 상관없지만 '서울'은 예외적으로 비행제한구역에서도 비행승인을 받아야만 한다는 규칙이 있습니다. 아무래도 서울은 청와대라든지, 주요 시설들이 모여 있기 때문에 더 엄격한 규정을 채택한 것으로 보이는데, 규칙을 어길 경우 과태료가 부과되니 주의하기 바랍니다.

서울의 '비행금지구역과 비행제한구역'을 지도로 표시해보면 아래와 같습니다. 사실상 전 지역이 드론을 날릴 수 없는 곳처럼 보입니다. 하지만 서울에서도 몇몇 비행장에서는 드론 비행이 가능합니다.

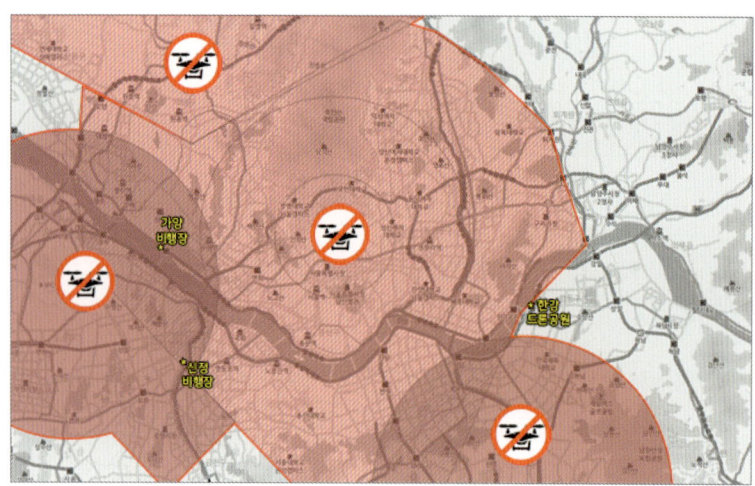

▶ 서울 내의
비행금지장소와
드론 비행장

02. 모든 지역에서 150m 이상의 고도

150m 이상은 항공기 비행 항로가 설치된 공역으로, 항공기와의 충돌 위험이 있습니다. 이 공역에서의 조종은 법규 위반뿐 아니라 대형사고로도 이어질 수 있으니 절대 드론을 이 높이 이상으로 날려서는 안 됩니다.

03. 관제권(비행장으로부터 반경 9.3km 이내인 곳)

관제권은 비행장으로부터 반경 9.3km 이내인 곳으로 다음 지도에서는 녹색으로 표시된 곳입니다. 관제권은 이착륙하는 항공기와의 충돌 위험 때문에 비행금지장소로 지정된 것입니다. 생각보다 많죠? 우리가 잘 아는 민간공항 외에도, 군사용 비행장이 모두 포함되니 사전에 미리 체크해야 합니다.

▶ 관제권

04. 모든 지역에서 인구밀집지역 또는 사람이 많이 모인 곳의 상공

스포츠 경기장, 각종 페스티벌 등 인파가 많이 모인 곳은 추락 시 대형 인명피해가 발생할 수 있기 때문에 비행이 금지되어 있습니다. 대규모 행사가 있을 때는 특정지역에서의 단속이 일시적으로 강화되기도 합니다. 2014 인천 아시안 게임 때는 인천, 시흥, 화성, 충주 등 메인 미디어 센터, 선수촌 및 경기장 등이 보름 동안 비행금지공역으로 설정되기도 했습니다.

05. 기타 항공 관련법에 저촉되는 행위 및 비행금지 행위

그 밖에 어떤 지역인지와 상관없이 비행을 금지하는 시간대가 있는데, 바로 야간일 경우입니다. 즉, 일몰 후부터 일출 전까지의 시간은 비행금지입니다. 그리고 비행 중 낙하물 투하는 금지되어 있습니다. 또한 조종자가 음주 상태인 경우나 조종자가 육안으로 기체를 직접 볼 수 없을 때에도 비행을 금지하고 있습니다.

Lesson 25 서울에서 드론을 날릴 수 있는 곳 찾기

새로 산 드론을 들고 당장 뛰쳐나가고 싶은 마음이 굴뚝 같겠지만, 서울은 아쉽게도 드론을 날리기에는 척박한 지역입니다. 서울에는 청와대, 군사 관련 시설, 공항 관련 시설들이 인접해 있어 거의 모든 지역에서 드론을 날릴 수 없게 법으로 규정되어 있기 때문입니다.

이처럼 드론 사용자들에게는 척박한 서울이지만 합법적으로 비행을 할 수 있는 곳이 전혀 없는 것은 아닙니다. 바쁜 일과로 교외까지 나가기 힘든 분들을 위해, 이 절에서는 서울 내 숨어 있는 틈새 합법 비행구역들을 알려드립니다.

01. 비행금지구역에서 벗어난 틈새 지역

서울 내에서 허가없이도 드론을 날릴 수 있는 틈새 지역들입니다(강동, 송파, 구로, 관악 일부 지역). 지도에서 녹색 영역을 제외한 나머지 부분이 드론을 날릴 수 있는 곳입니다.

▶ 서울에서 드론을 날릴 수 있는 곳 (강동, 송파)

▶ 서울에서 드론을 날릴 수 있는 곳
(관악, 구로)

02. 한강드론공원

서울시 한강사업본부에서 운영하는 비행장입니다. 이곳을 이용하려면 첫째, 보험에 가입해야 하고 둘째, 인터넷으로 사전 예약(선착순)을 해야 합니다. 예약은 당일에도 가능하지만 시간대별로 최대 30명까지만 예약할 수 있으니 미리 확인하고 갈 것을 추천합니다. 좀 더 자세한 내용은 https://hangang.seoul.go.kr/archives/38748을 참고하기 바랍니다.

03. 한국모형항공협회와 RC 동호회 관리 비행장

이곳은 원래 비행이 불가능한 지역이지만, 협회나 동호회 차원에서 단체 비행 허가 승인을 받고 자체적으로 안전 관리를 함으로써 드론을 날릴 수 있게 된 곳입니다.

이들이 관리하는 비행장에서 만약 사고가 나기라도 한다면 모두가 비행장을 이용할 수 없게 됩니다. 따라서 각 협회/동호회는 나름의 철저한 내규를 통해 운영하고 있습니다. 그 규칙들은 보통 동호회 가입, 보험 가입 등입니다. 자세한 사항은 http://www.k-ama.org/와 각 비행 클럽의 공지를 확인하기 바랍니다.

❶ **신정 비행장** : 신정비행클럽, 서울 양천구 신정동 871-37
❷ **가양 비행장** : 매일비행클럽, 경기도 고양시 덕양구 덕은동 520-187(가양대교북단)
❸ **분당 탄천비행장** : 토요비행클럽, 경기도 성남시 분당구 수내동 45

Lesson 26
레디 투 플라이로 드론비행구역 찾기

    서울 지역에서 드론을 날릴 수 있는 곳을 설명한 것처럼 서울 이외의 지역에서 드론을 날릴 수 있는 곳도 이 책에 모두 실어서 독자 여러분들에게 편의를 제공하고 싶은 마음은 굴뚝같습니다. 그렇지만 솔직히 얘기하면 어떤 지역은 전부 비행이 가능한 곳도 있고, 어떤 지역은 비행금지구역과 비행가능구역이 세세하게 나누어져 있어서 드론을 날릴 수 있는 모든 비행 구역을 소개하는 것은 거의 불가능합니다(설사 가능하더라도 이 책의 분량은 엄청나게 늘어날 것입니다). 하지만 여기서 소개하는 '레디 투 플라이(Ready To Fly)'라는 앱을 잘 활용하면 여러분이 어디에 있든지 드론을 날릴 수 있는 비행가능구역과 비행금지구역을 쉽게 확인할 수 있습니다.

01. 레디 투 플라이 이해하기

    레디 투 플라이는 국토교통부와 사단법인 한국드론협회가 공동개발한 스마트폰 애플리케이션(앱)입니다. 국토교통부에서 제공하는 비행구역 정보와 현재 날씨, 지자기 수치(K-Index) 등을 편리하게 확인할 수 있습니다. 이 레디 투 플라이를 스마트폰에 설치하면 드론 조종자가 지켜야 할 준수사항과 날씨정보, 지역별로 드론을 날릴 수 있는 지역정보 및 검색 기능, 드론의 정보를 설정할 수 있는 기능, 비행허가 소관기관 정보 등을 확인할 수 있습니다.

▲ 레디 투 플라이에서 실행할 수 있는 주요 기능 모음

02. 레디 투 플라이 다운 받기

레디 투 플라이는 iOS 스마트폰과 안드로이드 스마트폰 모두에서 사용할 수 있으며 아래 사이트에 접속하면 해당 앱을 다운 받을 수 있습니다.

- **iOS**   https://goo.gl/fHKyav
- **안드로이드**   https://goo.gl/gvzQFk

03. 레디 투 플라이 사용하기

자동차 내비게이션을 누구나 쉽게 이용할 수 있듯이 레디 투 플라이도 누구나 쉽게 이용할 수 있습니다. 여기서는 '레디 투 플라이' 사용 방법을 간단하게 설명하겠습니다(참고로 여기서는 안드로이드 기반으로 설명합니다).

먼저, 구글 플레이를 실행하고 '레디 투 플라이'를 검색합니다. 그러면 몇 가지 앱이 검색되는데, 목록의 맨 위에 있는 앱을 선택합니다. 그리고 레디 투 플라이를 설치합니다.

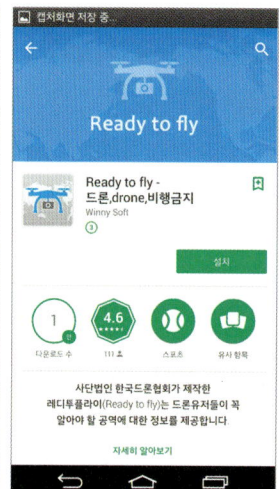
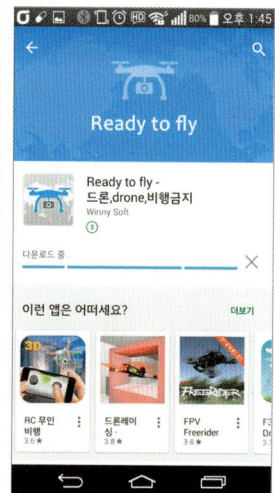

▲ 구글 플레이에서 레디 투 플라이 (Ready To Fly)로 검색한 결과

▲ 레디 투 플라이를 설치하는 과정

그런 후에 레디 투 플라이를 실행하고 비행가능지역을 검색합니다. 옆의 그림은 '대한민국 경기도 고양시 일산 동구'로 비행 지역을 검색한 결과인데, 정발산역 주변에 비행할 수 있는 지역이 있음을 알려주고 있습니다.

이처럼 레디 투 플라이만 있으면 여러분이 어느 곳에 있든지 비행가능지역을 확인할 수 있습니다. 따라서 레디 투 플라이와 함께 비행 전에 비행가능지역인지의 여부를 꼭 확인하기 바랍니다.

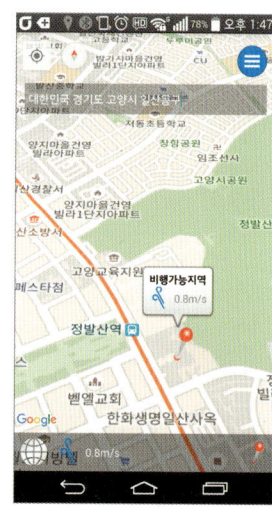

▲ 레디 투 플라이에서 '일산 동구'를 검색한 결과입니다.

Part 04

드론의 기초 조종법

여러 경우의 수를 고려하여 여러분에게 가장 적합한 드론을 고르고 구매했다면 이제 드디어 드론을 날려볼 시간이 되었습니다. 4부에서는 드론 조종에 필요한 기초 조종법을 다룹니다.

　드론은 자동차 운전처럼 면허가 필요하지 않지만 많이 연습하면 할수록 훨씬 능숙하게 조종할 수 있다는 것은 아무리 강조해도 지나치지 않습니다. 꾸준한 연습만이 드론의 조종 실력을 늘릴 수 있다는 점을 꼭 기억하기 바랍니다.

Chapter 07
✕
조종법 기초

드론을 조종하는 데 있어 가장 기본이 되는 조종법은 호버링입니다. 호버링이란 드론을 공중에 띄워서 움직이지 않고 그 자리에 머물게 하는 것으로, 호버링이 되어야만 드론을 자유자재로 날릴 수 있습니다. 7장에서는 호버링을 비롯하여 가장 기초가 되는 드론의 조종법과 조종에 필요한 필수 사항을 다룹니다.

Lesson 27 조종 전에 확인해야 할 3가지 체크 사항

드론으로 비행하는 일은 정말 재미있고 멋진 일입니다. 하지만 처음 드론을 시작하는 초보 분이라면 즐겁고 안전한 비행을 위해 꼭 확인해야 할 사항이 있습니다. 이 절에서는 반드시 확인해야 할 3가지 체크 사항을 살펴보겠습니다.

01. 비행금지구역

드론을 날리기 전에 비행금지구역인지의 여부를 반드시 확인해야 합니다(어떤 지역이 비행금지구역인지는 lesson 24를 참고하기 바랍니다).

02. 주변 환경

드론을 날리기 전에 드론의 비행을 방해해서 드론이 추락하거나 사고를 당할 수 있는 요소가 무엇인지를 파악하는 것도 중요합니다. 크게 3가지 정도를 확인하면 됩니다.

❶ 안개가 끼거나 나무가 많은가

낮게 낀 구름이나 안개 속에서 조종하면 드론이 잘 보이지 않을 뿐더러 조종기와의 통신이 두절될 수 있습니다.

❷ 고압 송전선 및 재머 등 통신 방해 장치가 있는가

군대 근처나 국가 주요 시설물 근처에는 통신 방해 장치인 재머(jammer)가 설치된 곳들이 있습니다. 재머는 송신기가 내는 주파수를 반대로 발사하여 드론과 조종기 간의 통신이 두

절되게 하므로 조심해야 합니다.

❸ 새떼가 있는가

새들은 드론을 자기 영역을 침범하는 새로 오인하여 달려드는 경우가 있습니다.

03. 드론 기기 상태

마지막으로 가장 중요한 것은 여러분의 드론 상태가 어떤지를 확인하는 것입니다. 비행 금지구역과 주변 환경이 어떤지를 다 파악했더라도 여러분의 드론이 상태가 나쁘다면 비행 중 어려움이 있을 수 있습니다. 다음처럼 3가지 정도를 확인하면 됩니다.

❶ 배터리는 괜찮은가

과충전이나 장기간 방치로 인해 배부른 배터리는 폭발 위험이 있으니 조심해야 합니다.

❷ GPS를 체크했는가

GPS가 4개 이상의 위성을 잡으면 비행이 가능하기는 합니다. 그러나 안전을 위해서는 7개 이상의 GPS를 잡고 비행하는 것이 좋습니다. 만약 GPS가 4개~5개 밖에 잡히지 않는다면 재부팅을 해보고, 그래도 안 된다면 장소를 조금 옮겨서(다리 밑 등의 전파 방해를 피하기 위해) 다시 시도해봅니다.

❸ 연락처를 부착했는가

통신이 두절되어 드론이 추락할 경우, 이를 발견한 누군가가 주인을 찾아주고 싶어도 연락처가 없으면 찾아줄 수 없습니다. 그러므로 여러분의 이름과 연락처를 반드시 부착하기 바랍니다.

Lesson 28

첫 드론을 위한 조종 가이드

그럼 드론을 처음 조종하는 분을 위한 가장 기본적인 안내를 드리겠습니다. 드론은 브랜드나 조종기에 따라 다양한 기능이 있지만, 여기서는 어떤 드론을 날리든 반드시 알아야 할 핵심적인 부분만을 다룹니다.

01. 방향 조종

조종기의 스틱을 조종하면 드론은 아래와 같이 움직이게 됩니다(모드 2 기준).

❶ **상하타(Throttle, 스로틀)** : 스틱을 앞뒤로 밀어 드론을 위로 띄우거나 아래로 내립니다.

❷ **전후타(Pitch = Elevator, 피치)** : 스틱을 앞으로 밀면 전진하고 뒤로 당기면 후진합니다.

▲ 상하타(스로틀) 조작 모습

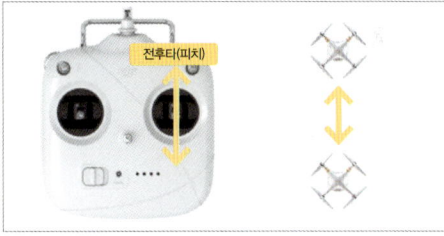
▲ 전후타(피치) 조작 모습

❸ **회전타(Yaw = Rudder, 요우)** : 스틱을 좌우로 움직이면 제자리에서 반시계 방향 또는 시계 방향으로 돌게 됩니다.

❹ **좌우타(Roll = Aileron, 롤)** : 스틱을 좌우로 움직이면 드론이 좌측 방향이나 우측 방향으로

기울면서 그 방향으로 나아가게 됩니다. 롤은 자동차 운전에는 없는 비행체 조종만의 특징입니다.

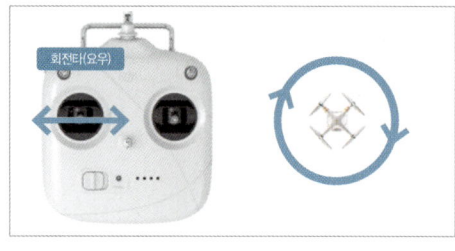

▲ 회전타(요우) 조작 모습

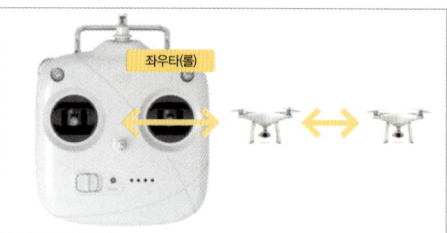

▲ 좌우타(롤) 조작 모습

02. 조종기 모드

조종기에는 스틱 조작 방식에 따라 '모드 1'과 '모드 2'가 있습니다. '모드 1'의 경우 과거에 많이 쓰이던 방식이고, 현재는 대부분 '모드 2' 방식을 사용합니다(조종기 모드에 대해서는 Lesson 6을 참고하기 바랍니다).

03. 수동 조종과 자동 조종

드론 모델에 따라 조종기가 지원하는 조종 모드에는 1가지~3가지가 있습니다.

조종 모드	내용
매뉴얼(Manual)	수동 모드로 사용자가 모든 것을 조종해야 하는 모드입니다. '고감도'와 '저감도'로 나누어집니다. 저가의 연습용 드론은 이 모드만 지원합니다.
애티튜드(Attitude)	고도를 유지해주는 모드로, 사용자가 조종을 하지 않아도 고도는 유지됩니다.
GPS	GPS를 통해 드론의 고도와 위치를 지정할 수 있는 모드로 조종이 가장 쉽습니다.

 TIP 방향 조종과 관련된 용어

'상하타', '회전타', '전후타', '좌우타'라는 말은 드론의 이해를 돕기 위해서 진행 방향에 맞추어서 임의로 표기한 것입니다. 원어는 'Throttle', 'Yaw', 'Pitch', 'Roll'입니다.

기체를 사고 없이 잘 다루려면 처음 한 동안은 연습용 기체의 매뉴얼 모드로 연습해보는 것이 좋습니다. 드론은 자동차와 달리 무선으로 조종하기 때문에 언제라도 신호 문제가 발생할 수 있기 때문입니다. 떠 있는 상태에서 갑자기 GPS가 안 잡힌다면 이때는 어쩔 수 없이 매뉴얼 모드로 수동 조종을 해야 합니다.

04. 토이급 드론을 켤 때 유의해야 할 3가지 사항

마지막으로 매우 중요하지만 드론을 켤 때 간과할 수 있는 3가지 사항에 대해서도 알아봅니다. 이 사항을 지키지 않으면 갑작스런 동작으로 인해 혹시라도 다칠 수 있으니 여기서 소개하는 내용을 꼭 기억하기 바랍니다. 설명에 필요한 드론은 시마 X5C로 선정했습니다.

기체의 전원을 먼저 켜기

조종기를 켜기 전에 기체의 전원을 먼저 켭니다(전원 스위치가 없는 경우 '배터리 연결 = 스위치 ON'으로 보면 됩니다). 조종기는 전원을 켜는 순간 ON이 되어 있는 기체를 탐색하기 때문에 조종기를 켜기 전에 기체가 먼저 ON이 되어 있어야 합니다.

▶ 기체의 전원을 먼저 켭니다.

기체의 앞뒤를 확인하고 2m 뒤에 서기

기체의 앞뒤를 확인합니다(보통 LED 컬러로 앞뒤를 구분할 수 있게 해 놓았는데, 카메라가 장착된 모델은 렌즈 방향이 앞입니다). 사용자가 조종할 때 조종하는 방향대로 드론이 움직이게 하려면 드론이 보는 방향과 내가 보는 방향이 일치해야 하므로 사용자는 드론의 뒷면을 바라보고 서야 합니다. 그리고 기체를 바닥에 놓고 드론 뒤로 2m 정도 물러서야 합니다. 처음에 어느 정도 거리를 두고 시작해야만 조종하면서 드론을 피해야 할 일이 생기지 않습니다.

스로틀을 내린 상태에서 조종기 켜기

조종기를 켤 때 주의할 점은, 전원을 켜는 순간 스로틀이 내려진 상태여야 한다는 것입니다. 스로틀이 내려져 있지 않으면 조종기가 ON이 되는 순간 여러분의 의지와 상관없이 기체가 떠 버리기 때문입니다. 이런 사고를 막기 위해 보통은 ON 버튼을 누르면 스로틀이 자동으로 내려지게 되어 있습니다. 그러나 간혹 손으로 스로틀을 고정시켜줘야 하는 모델이 있으니 유의하기 바랍니다(참고로 조종기의 ON 버튼만 누르면 Ready가 되는 모델도 있지만, 스로틀을 앞뒤로 한 번씩 움직여줘야 Ready가 되는 모델도 있습니다. 조종기 켜는 법은 각 모델의 매뉴얼을 참고하기 바랍니다).

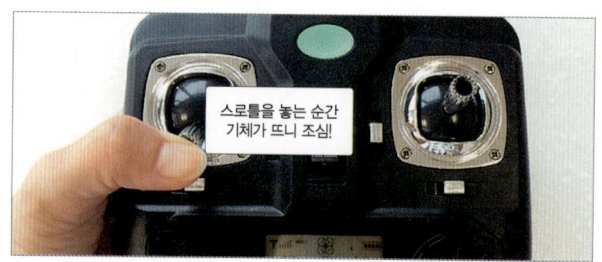

▶ 스로틀을 내린 상태에서 조종기를 켭니다.

Lesson 29 드론 호버링하는 법

직접 드론을 조종할 때 드론을 공중에 띄워서 움직이지 않고 그 자리에 머물게 하는 '호버링(Hovering)'을 제대로 할 수 있어야 원하는 장면의 사진을 찍고 또 안전하게 드론을 착륙시킬 수 있습니다. 여기서는 드론의 호버링과 착륙 연습을 어떻게 하는지 알아봅니다.

❶ 장소 선정

처음 호버링을 연습할 때는 벽이나 천장 등의 장애물이 없는 실외의 탁 트인 장소에서 시작해야 합니다. 드론이 예상보다 휙휙 움직여서 벽에 부딪치기 쉽기 때문입니다.

❷ 드론과 거리두기

배터리를 끼우고 2m 이상 떨어진 뒤 조종기 전원을 켭니다.

❸ 조종기 적응

상하타를 올리는데 처음에는 5% 미만이다 싶을 정도로 미세하게, '위로 올린다'라기보다 '문지른다'라는 느낌이 들도록 살짝 올려주면 됩니다. 만약 프로펠러가 돌지 않는다면 배터리를 확인해보기 바랍니다.

01. 제자리에서 낮게 띄웠다 내리는 연습

천천히 상하타를 올려 드론을 눈높이보다 낮게(약 1m 정도) 띄운 후 상하타를 조금씩 문지르듯이 올렸다 다시 살짝 내리면서 드론이 조종기에 어느 정도로 반응하는지 파악합니다. 사용하는 모델에 따라 반응 속도가 다르므로 몇 번씩 해보면서 감을 익혀야 합니다.

02. 원하는 자리에 착륙하는 연습

드론을 50cm~1m 정도 띄운 상태에서 전후타를 올려 2m~3m 정도 전진하고 착륙합니다. 안전하게 착륙했으면 그 자리에서 다시 1m 정도 띄우고 전후타를 아래로 내려서 원래 출발했던 장소로 돌아와 착륙하면 됩니다. 좌우도 마찬가지로 띄우고 좌우타를 사용해서 왼쪽으로 2m~3m 정도 이동한 후 착륙, 다시 돌아오기를 반복하면서 착륙 연습을 합니다.

03. 호버링하여 나아가는 연습

일단 1m 정도 띄워서 어느 정도 안정적으로 움직이면 1.5m 정도 띄워서 호버링을 합니다. 상하타를 문지르듯 위로 밀면서 드론의 고도를 유지합니다. 그리고 나면 드론이 앞뒤 좌우로 조금씩 움직일 때마다 살짝살짝 문지르듯 반대 쪽으로 밀어서 드론의 위치가 고정될 수 있도록 합니다. 어느 정도 호버링이 되었다면 호버링된 고도를 유지하면서 전후타를 올려 원하는 방향으로 나아가면 됩니다. 그리고 착륙하고자 하는 지점을 잡아서 원하는 곳에 내리는 연습을 하면 됩니다. 여기까지 가능하다면 수동으로 드론을 조종하여 사진을 찍거나 원하는 지역을 둘러보는 비행을 할 수 있습니다.

04. 호버링 전 트리밍하는 연습

호버링을 할 때, 상하타만을 사용해서 드론을 천천히 띄웠는데, 드론이 한쪽으로 움직인다면 트리밍(Trimming)을 해야 합니다. 트리밍을 쉽게 설명하면, 사격 전에 영점을 잡는 것과 비슷합니다. 조종기에 달린 4개의 트림 탭을 드론이 움직이는 방향의 반대쪽으로 움직여서 영점을 잡으면 됩니다. 예를 들어, 상하타를 올렸는데 드론이 왼쪽으로 쏠린다면 다음과 같이 조치하면 됩니다.

❶ 드론을 완전히 착륙시키고 좌우타 트림을 오른쪽으로 한 칸 움직입니다.
❷ 다시 드론을 띄워서 움직임을 확인합니다.
❸ 여전히 왼쪽으로 간다면 다시 착륙시키고 오른쪽으로 트림을 한 칸 더 움직입니다.

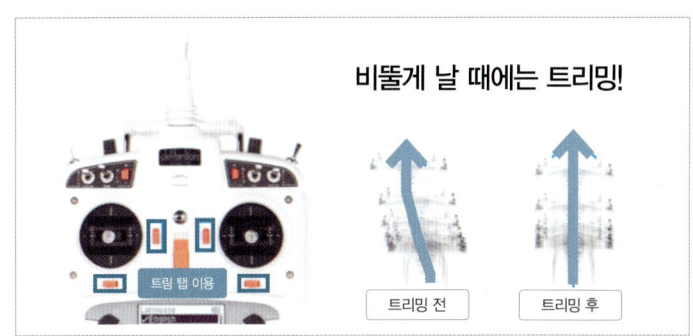

▲ 비뚤게 날 때에는 트리밍을 통해 쏠림을 바로잡습니다.

　이런 식으로 드론을 착륙시키고 트림을 조종하는 것을 통해 드론이 어느 정도 안정감을 갖추었다면 호버링 연습을 계속해 봅니다. 호버링은 과거 RC 헬기에서는 굉장히 어려운 기술이었지만 4개의 날개가 달린 드론에서는 상대적으로 금방 배울 수 있습니다. 연습을 하다 보면 호버링이나 정확한 착륙이 어느 순간 갑자기 익숙해지는 때가 있을 겁니다. 그 전까지는 낮은 고도에서의 이착륙 연습을 반복적으로 해보는 것이 큰 도움이 됩니다.

Chapter 08
팬텀 4로 배우는 드론 완전 정복

취미용 드론 중에서 가장 대표적인 드론이라고 하면 어떤 드론이 떠오르나요? 필자는 DJI의 팬텀 시리즈가 아닌가 합니다. 새로운 버전이 출시될 때마다 많은 이슈를 몰고 다니는 제품이라 그런지 이제 막 드론에 입문하려는 분도 호기심 반 기대 반으로 구매하는 경우를 심심치 않게 보곤 합니다.

8장에서는 현재 가장 대중적이고 드론 시장을 선도하고 있다고 해도 과언이 아닌 팬텀 4를 통해서 드론의 실제 조종법을 익히고 드론에 대한 자신감을 키워보겠습니다.

Lesson 30

팬텀 4 살펴보기

이제부터 3개 절에 걸쳐 팬텀 4의 구매 순간부터 비행을 하기까지의 과정에 대해서 알아보겠습니다. 팬텀 4를 선택한 이유는 가장 대표적인 촬영용 드론으로서, 다양한 비행 기능을 갖추고 있으므로 드론 비행에 대한 간접 경험을 할 수 있기 때문입니다. 혹시 팬텀 4를 구매했으나 아직 사용을 하지 않은 분들, 또는 어떤 드론을 구매할 것인지를 고민하는 분들은 두 눈을 크게 떠주기 바랍니다.

01. 팬텀 4 개봉하기

패키지

처음 구매한 장비를 개봉하는 순간은 정말 설레지 않을 수 없습니다. 팬텀 4를 구매한 분들은 아래 사진에 있는 두 종류의 박스 패키지 중 하나를 봤을 겁니다.

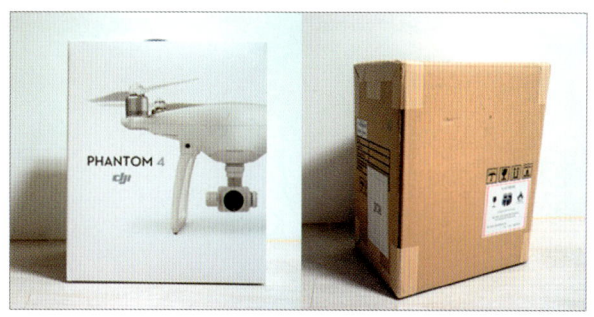

▶ 두 종류의 팬텀 4 박스 패키지

왼쪽 사진은 DJI 공인 딜러사에서 팬텀을 구매했을 때 볼 수 있는 패키지이고, 오른쪽 사진은 DJI 코리아 플래그십 스토어나 다른 업체에서 구매했을 때 볼 수 있는 패키지입니다

(박스가 다르다고 걱정하진 마세요. 오른쪽 박스 안에 왼쪽 박스가 들어 있으니까요). 그런데 왜 구매처에 따라 박스가 다를까요?

보통 딜러사에서는 소비자에게 제품을 출고하기 전에 '사전 불량 테스트'를 진행하는 경우가 있습니다. 이 경우 제품을 사전에 개봉해야 하기 때문에 소비자는 왼쪽 사진의 박스를 받아보게 되는 겁니다. 그리고 DJI 온라인 스토어(http://store.dji.com/kr)에서 구매할 경우에는 오른쪽의 박스가 배달되고, 서울 홍대입구역 부근에 위치한 DJI 코리아 플래그십 스토어에 방문해서 구매를 할 경우에도 오른쪽 박스를 볼 수 있습니다.

실링 스티커

자, 그럼 박스를 살펴볼까요? 박스 뚜껑을 여는 부분에는 아래처럼 투명 스티커가 붙어 있습니다.

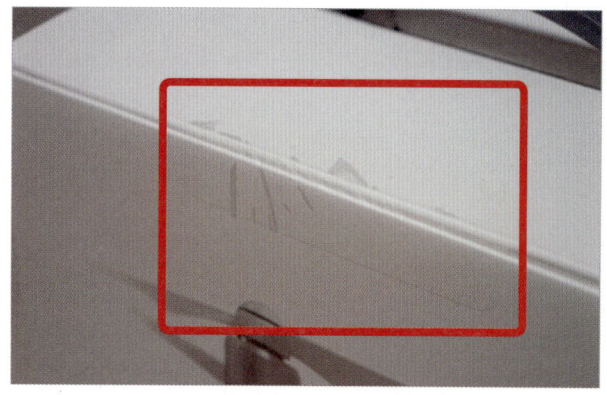

▶ 박스를 밀봉한 실링 스티커

 오픈 박스 등의 고객 서비스 시행

DJI 코리아 플래그십 스토어에서는 구매 고객을 배려하여 '오픈 박스'라는 고객 서비스를 시행 중입니다. 이 서비스는 기체를 출고하기 전에 고객에게 동의를 먼저 구한 후 고객이 보는 앞에서 박스를 열어 초기 불량이 있는지를 확인해주는 서비스입니다. 그리고 확인 과정에서 초기 불량이 발생될 경우 그 자리에서 새 기체로 교환해줍니다. 또한 기체에 아무런 이상이 없을 경우에도 역시나 고객에게 동의를 먼저 구한 후 펌웨어 업그레이드를 진행해주는 서비스도 있다는 점을 참고하기 바랍니다.

이것이 바로 실링 스티커인데, 이 스티커가 뜯겨져 있는지 붙어 있는지의 여부로 새 제품인지 아닌지를 확인할 수 있습니다. 단, 딜러사에서 제품을 구매했을 때는 실링 스티커가 사전에 개봉되어 있을 수 있는데, 위에서 잠깐 설명했다시피 출고 전 사전 불량 테스트를 위해 개봉한 것이니 안심해도 됩니다. 만약 DJI 공식 딜러사가 아닌 곳에서 구매했는데 실링 스티커가 개봉되어 있다면, 새 제품 여부를 확인하기 위해 판매자에게 정중히 연락해 보는 것도 좋을 것 같네요. 국내 DJI 공식 딜러사는 http://www.dji.com/kr/where-to-buy에서 확인해 볼 수 있습니다.

스티로폼 케이스

박스를 열고 내용물을 꺼내면, 스티로폼으로 만들어진 회색 케이스가 모습을 드러내게 되는데, 손잡이가 달려 있어서 들고 다니기 간편하게 설계되어 있습니다.

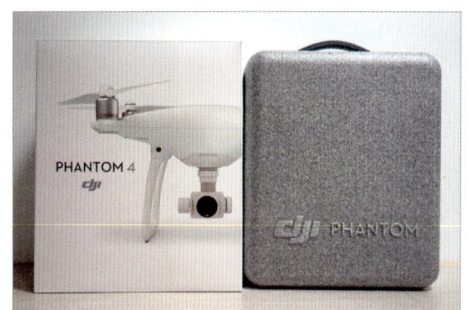

▲ 팬텀 4 박스 안에 들어 있는 회색 스티로폼 케이스

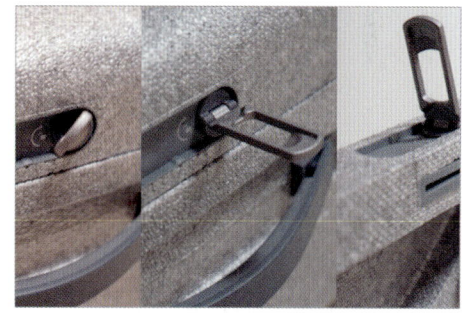

▲ 잠금 걸쇠가 있는 팬텀 4의 케이스

스티로폼 케이스는 위의 오른쪽 사진과 같이 걸쇠를 잡아당기고 우측으로 90도 돌린 후 위로 올리면 열리게 되어 있습니다. 케이스 상단에 저렇게 잠금 걸쇠가 있어서 운반 도중에 열릴 염려가 없습니다.

구성품

케이스를 열면 사진과 같이 뽀얀 팬텀 4가 모습을 드러내게 됩니다. 구성품은 배터리가 결합된 팬텀 4 기체, 조종기, 충전기, 전원 코드, 프로펠러 2대분, USB 케이블, 펌웨어 업데이트에 사용하는 USB 어댑터, 설명서입니다.

▲ 케이스 안에 들어 있는 팬텀 4와 부속물

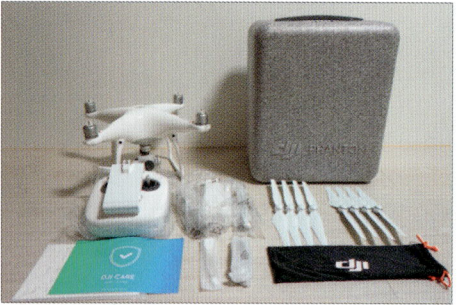
▲ 팬텀 4와 부속물 전체

02. 팬텀 4 외형 살펴보기

팬텀 4의 각 부위 명칭은 아래와 같습니다. 먼저 아래 사진의 설명을 통해서 주요 부위의 위치가 어디인지 파악하기 바랍니다. 그런 후 좀 더 자세히 설명하겠습니다.

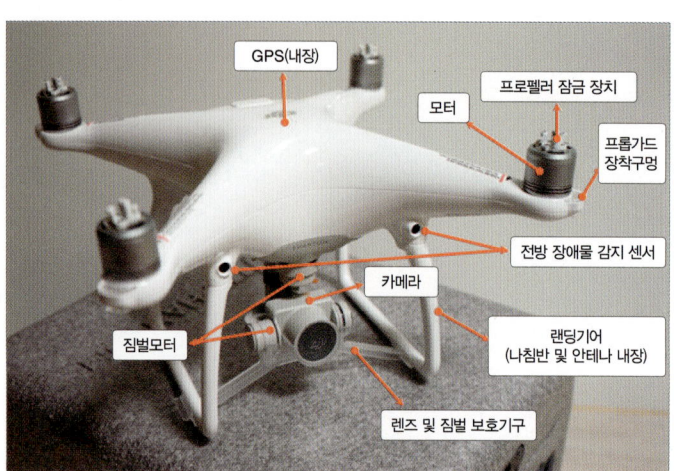
▶ 팬텀 4의 전면 모습

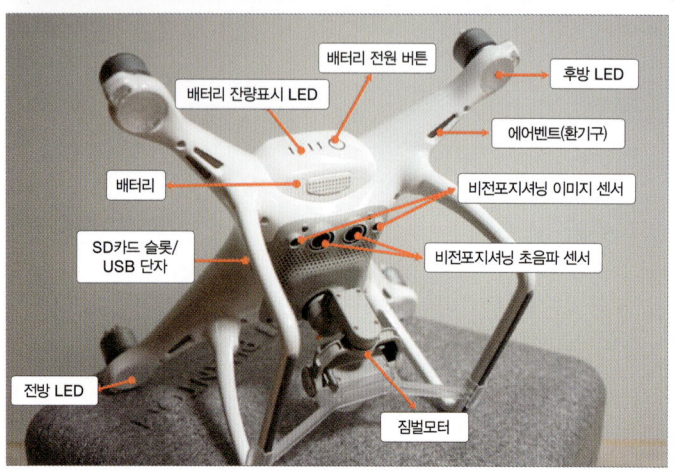
▶ 팬텀 4의 후면 모습

모터 및 프로펠러 잠금 장치

전작인 팬텀 3와는 다르게 팬텀 4는 퀵릴리즈 방식, 즉 프로펠러를 장착할 때 누른 채로 살짝 돌려 주면 장착이 되는 방식을 채택했습니다. 그 덕분에 좀 복잡한 모양새를 보여주고 있는데, 프로펠러 장착은 확실히 편해졌지만 잠금키 상태 확인 및 플라스틱 잠금 기구 크랙 여부 확인 등 정기적으로 잠금 장치 점검을 해 줘야 합니다.

그리고 검은색 띠를 두른 프로펠러는 검은 점이 있는 모터에, 은색 띠를 두른 프로펠러는 아무런 점이 없는 모터에 장착해줘야 합니다. 장착 방향은 프로펠러에 인쇄되어 있으니 방향을 잘 보고 장착하되 절대 힘으로 하려고 하지 마세요. 장착 방향이 맞지 않는데 힘으로 하게 될 경우 모터의 잠금 장치에 손상이 갈 수 있으며, 이는 추후 추락의 원인이 되기 때문에 주의해야 합니다. 장착이 잘 되지 않는다면 방향을 다시 한 번 확인해 보세요.

▲ 팬텀 4의 모터 및 프로펠러 잠금 장치

▲ 팬텀 4(상)와 팬텀 3(하)의 프로펠러 잠금 장치 비교

짐벌 및 카메라

팬텀 4는 원활한 카메라 제어를 위해 카메라 양쪽에 짐벌모터를 장착했고, 보관 시에 짐벌 및 카메라를 확실히 고정하고 보호해 주기 위해 짐벌 고정기구를 새로 디자인했습니다.

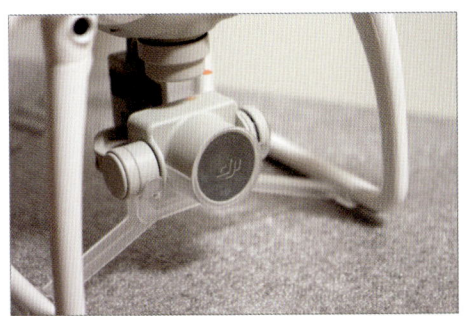
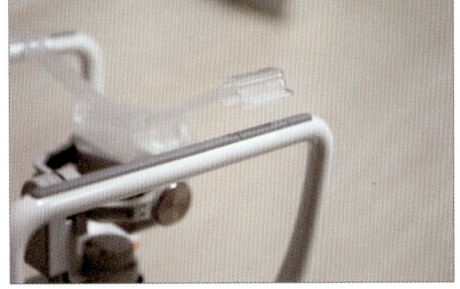
▲ 양쪽으로 짐벌모터가 달려 있는 카메라를 감싸고 있는 짐벌 고정기구

이 짐벌 고정기구를 장착할 때는 랜딩기어 바닥에 나 있는 홈에 맞추어 장착하면 됩니다.

▶ 기체에 내장되어 있는 짐벌 제어보드

또한 짐벌 제어보드가 외부에 나와 있는 팬텀 3와는 달리 팬텀 4는 짐벌 제어보드를 기체에 내장하여 보다 공기역학적인 디자인을 실현할 수 있게 되었습니다.

전방 장애물 감지 센서

랜딩기어 바로 위에 위치한 전방 장애물 감지 센서는 좌/우 2개의 이미지 센서로 구성되어 있으며, 최소 0.7m부터 최대 15m 전방의 장애물을 감지할 수 있습니다. 초음파로 감지하는 방식이 아니라 이미지 분석을 통해 장애물을 판별하는 방식이기에, 유리나 가는 전깃줄, 가는 나뭇가지 등은 감지하지 못합니다.

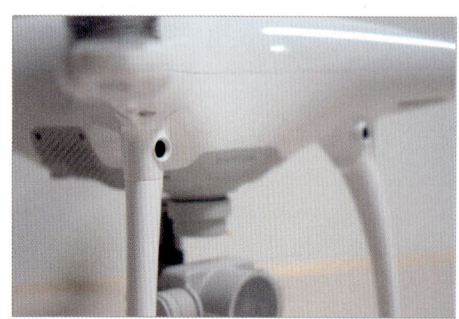

▲ 전방 장애물 감지 센서

▲ 팬텀 4의 장애물 감지 이미지 프로세싱
출처 www.dji.com/kr

또한 가는 장애물이 아니더라도, 물체를 구분 지을 수 있는 패턴을 가지고 있지 않은 흰 벽과 같은 장애물도 인식하지 못합니다.

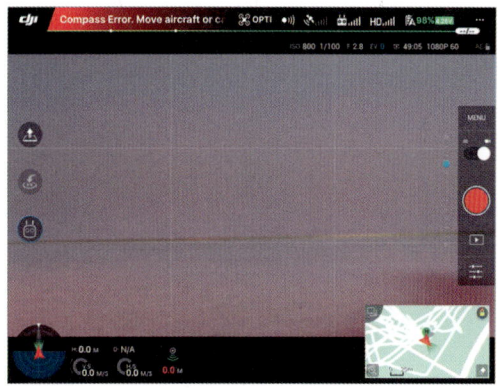

▶ 전방 장애물 감지 센서는 흰 벽을 감지하지 못합니다.

원활한 작동을 보장하기 위해서는 15lux 이상의 밝기와 충분한 패턴이 인식되어야 한다고 하는데, 대한민국 표준 조도 기준에 따르면 15lux의 밝기는 주택의 침실, 차고나 옥외 운동장 등에 속한다고 하니 어둡지 않은 일상에서는 작동하는 데 무리가 없습니다.

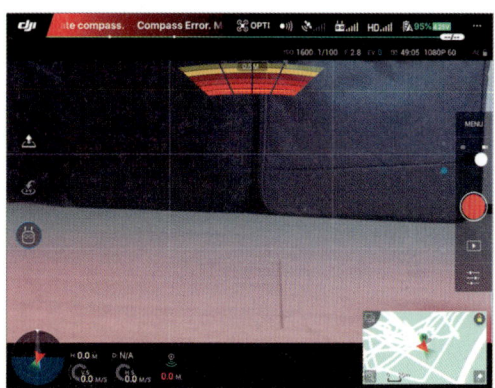

▶ 전방 장애물 감지 센서는 적당한 조도 아래 인식 가능한 물체를 감지하여 거리를 나타내 줍니다.

비전포지셔닝 시스템

이 비전포지셔닝 시스템은 GPS가 잡히지 않는 실내 등의 환경에서도 안정적으로 비행할 수 있게 도와주는 장비입니다. 초음파 센서로 고도를 측정하고, 이미지 센서로 바닥의 패턴을 인식하여 마치 GPS를 잡고 있는 것과 같이 호버링이나 비행을 가능하게 해주는 기능인데, 전작인 팬텀 3의 경우 2개의 초음파 센서와 1개의 이미지 센서를 사용한 반면, 팬텀

4는 좀 더 커진 2개의 초음파 센서와 2개의 이미지 센서를 사용하여 그 성능을 더욱 높였습니다. 덕분에 어딜 가도 이른바 '말뚝 호버링'호버링의 수준이 높아 말 그대로 땅에 말뚝을 박아놓은 듯이 드론을 제자리에 그대로 띄우는 상태를 말합니다.이 가능하게 되었습니다.

▲ 팬텀 3의 비전포지셔닝 시스템

▲ 팬텀 3보다 성능이 개선된 팬텀 4의 비전포지셔닝 시스템

하지만 이 비전포지셔닝 시스템 역시 바닥에 특정한 패턴이 없는 곳에서는 작동되지 않을 수 있으니 주의해야 합니다.

조종기

조종기는 기본적으로 전원 및 리턴 홈 버튼, 조종 스틱과 짐벌 조절 다이얼, 비행모드 변경 스위치 및 녹화/사진 촬영 버튼, 모바일 장치 거치대 등으로 구성되어 있습니다.

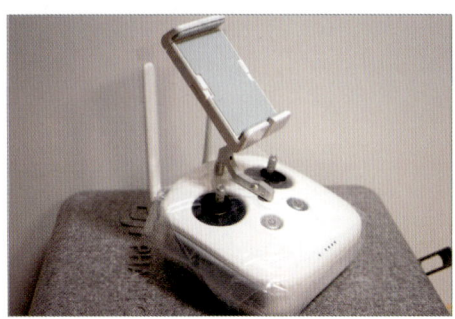
▲ 팬텀 4의 조종기 모습

▲ 조종기에 구성되어 있는 비행모드 변경 스위치

특히 조종기 왼쪽 상단에 위치한 P, S, A의 비행모드 변경 스위치는 팬텀 4를 운용하는 데 있어서 매우 중요합니다. P 모드는 GPS와 비전포지셔닝을 활용한 모든 경우의 비행모드를 뜻하고, S 모드는 스포츠 모드, A 모드는 애티튜드 모드를 뜻합니다.

03. 기타 외형 살펴보기

기타 외형은 아래 표를 통해 간략하게 설명하는 것으로 정리하겠습니다.

요소	내용
전방 LED	붉은 빛이 들어오게 되며, 이것으로 팬텀 4의 앞뒤를 구분할 수 있습니다.
후방 LED	초록, 노랑, 붉은 빛을 통해 현재의 기체 상태를 표시합니다.
Micro SD 카드 슬롯	최대 64GB의 용량을 지원하며 Class 10, UHS-1 규격의 메모리를 사용해야 합니다.
USB 단자	펌웨어 업그레이드 및 Flight Data를 추출할 때 사용합니다.

▲ 앞뒤를 구분해주는 LED

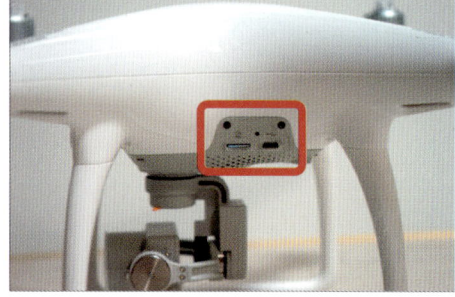
▲ Micro SD 카드 슬롯이 장착된 팬텀 4

04. 팬텀 4 활성화하기

자, 이제 팬텀 4를 사용하기 위한 활성화 작업이 필요합니다. 위에서 설명한 '불량 테스트를 위해 사전 개봉된 제품'을 받은 분들은 활성화가 이미 이루어졌기 때문에 이 단계가 필요하지 않습니다.

❶ 모바일 기기를 인터넷에 연결한 후 활성화 화면에서 〈Next〉를 터치합니다. 그리고 여러분이 사용할 기체 이름을 입력합니다.

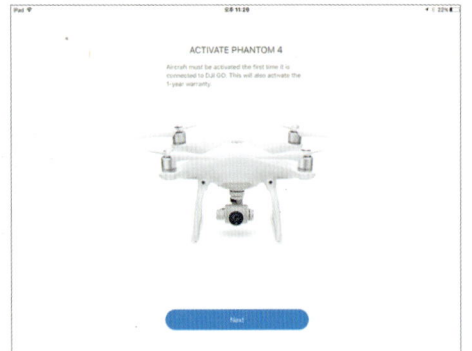

▲ 활성화 준비 단계

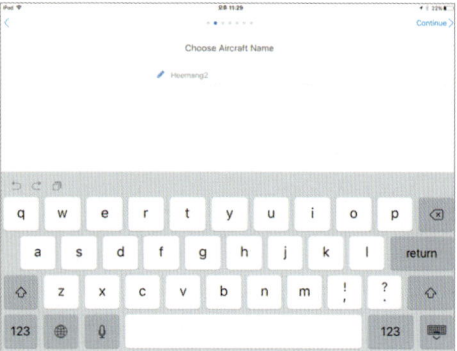

▲ 기체 이름 입력

❷ 조종 모드를 선택합니다(모드 2가 일반적입니다). 그리고 조종기의 커스텀 키 기능을 설정합니다(필자는 아래처럼 설정했지만 추후 변경이 가능하므로 알맞게 설정하고 넘어갑니다).

▲ 조종 모드 설정

▲ 커스텀 키 기능 설정

❸ DJI GO 앱에 표시할 거리 단위 선택 및 비디오 출력 방식을 설정합니다. 'Metric', 'NTSC'를 선택하고 넘어갑니다. 그 다음은 초보자 모드 활성화 화면입니다. 팬텀 4를 처음 날리는 분은 되도록 이 초보자 모드를 활성화한 후 비행해주기 바랍니다(초보자 모드를 활성화하게 되면 비행 거리 및 고도에 제한이 생기게 되는 점을 참고해 주세요).

▲ 거리 단위 및 비디오 출력 방식 설정

▲ 활성화한 초보자 모드

❹ DJI 계정을 등록합니다. DJI 계정을 생성해야 활성화가 가능하므로, 이 단계에서 DJI 계정을 만든 후 〈Activate〉를 터치하면 됩니다. 계정이 이미 있는 분은 해당 계정으로 로그인해 주면 됩니다(그래도 되지 않는다면 모바일 기기가 인터넷에 연결되어 있는지를 확인하기 바랍니다). 계정이 성공적으로 만들어지거나 로그인되었다면, 팬텀 4의 활성화가 마무리됩니다.

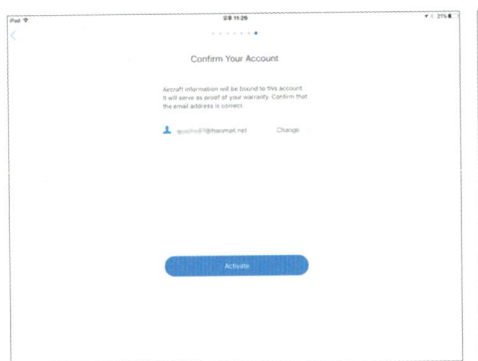

▲ DJI 계정 등록

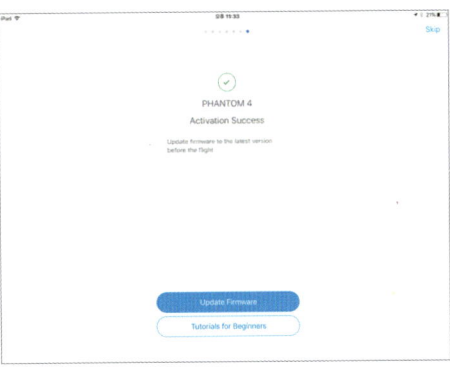

▲ 팬텀 4 활성화 마무리

Lesson 31

팬텀 4 설정하기

이전 절에서 설명한 대로 팬텀 4의 활성화를 마치고 나면 아래와 같은 화면을 볼 수 있습니다. 바로 펌웨어 업그레이드를 요청하는 메시지입니다.

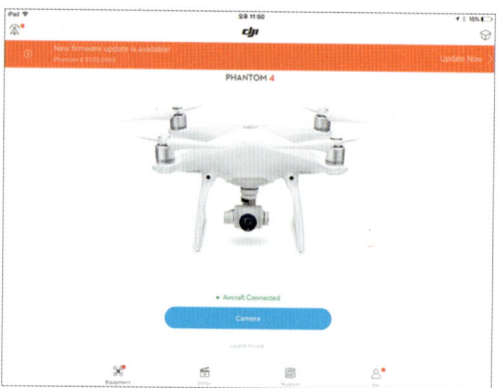

▶ 펌웨어 업그레이드 요청 화면

새 기계인데 왜 켜자마자 업그레이드를 요청할까요? DJI 공장에서 기체가 제조될 때는 제조될 당시의 최종버전 펌웨어가 설치됩니다. 그런데 기체가 생산된 후 소비자에게 전달되는 사이에 펌웨어 업그레이드가 발생한다면 어떻게 될까요? 바로 위와 같은 메시지를 통하여, 소비자들에게 펌웨어 업데이트를 요청하게 됩니다.

펌웨어 업데이트는 팬텀 4의 설정만큼 중요한 사항이지만 '업데이트를 하지 않으면 비행을 하지 못해!'는 아니기 때문에 꼭 업데이트를 하지 않아도 됩니다. 하지만 가능하면 최신 펌웨어로 업그레이드하길 권합니다.

01. 전원을 켜는 순서

팬텀 4의 비행 전 설정을 하려면 기체, 조종기, 태블릿 등 3가지 기기의 전원을 켜야 하는데, 보통 권장하는 전원 ON 순서는 **조종기 ON → 모바일 기기에서 DJI GO 앱 실행 → 기체 ON**의 순입니다(전원 OFF는 이것의 역순입니다). 꼭 이 순서로 전원을 넣지 않아도 작동은 합니다만 그렇게 했다가 오작동을 일으키는 경우가 종종 있으므로 가급적이면 위와 같은 순서로 전원을 켜는 것을 권장합니다.

02. 조종기의 전원 켜기

하지만 다음과 같이 팬텀 4의 조종기 전원을 켜기 전에 모바일 기기를 거치하고, 케이블을 연결하는 작업이 필요합니다.

모바일 기기 거치하기

고맙게도 조종기에는 모바일 기기 거치대가 달려 있는데, 거치대 우측 상단의 버튼을 누르면 거치대의 높이를 조절할 수 있습니다. 태블릿을 사용한다면 거치대의 높이를 사용하는 기기에 맞게 늘린 후 기기를 거치하면 됩니다. 팬텀 및 인스파이어의 모바일 기기 거치대는 최대 17cm까지 늘릴 수 있으며, 아이패드 에어 정도 크기의 모바일 기기까지 거치가 가능합니다. 그리고 스마트폰을 이용한다면 거치대 중간에 있는 스마트폰 지지대를 아래로 내린 후, 기기를 거치하면 됩니다.

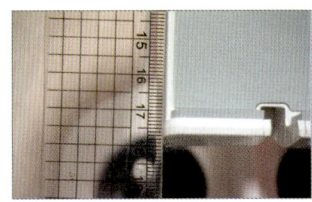

▲ 17cm까지 늘릴 수 있는 거치대   ▲ 거치대 중간에 있는 지지대를 활용하여 거치한 스마트폰

스마트폰을 거치할 때는 볼륨 버튼이나 전원 버튼이 거치대에 닿아 눌리지 않도록, 해당 버튼부가 있는 곳의 밑으로 거치해주면 좋습니다.

USB 케이블 연결하기

모바일 기기를 거치한 후에는 USB 케이블로 모바일 기기와 조종기를 연결해야 하는데, 모바일 기기에 꽂은 USB 케이블의 다른 한쪽을 조종기 아래쪽에 있는 USB 포트에 꽂아 주면 됩니다.

참고로 아이폰/아이패드의 경우에는 별도의 케이블을 사용해야 하며, 그 외의 다른 기기들은 동봉된 USB 케이블로 연결할 수 있습니다(아이폰/아이패드용 전용 케이블은 동봉되어 있지 않습니다). 그리고 조종기 안테나는 아래 사진과 같이 11자로 설정해주면 됩니다.

▶ 11자로 설정한 조종기 안테나

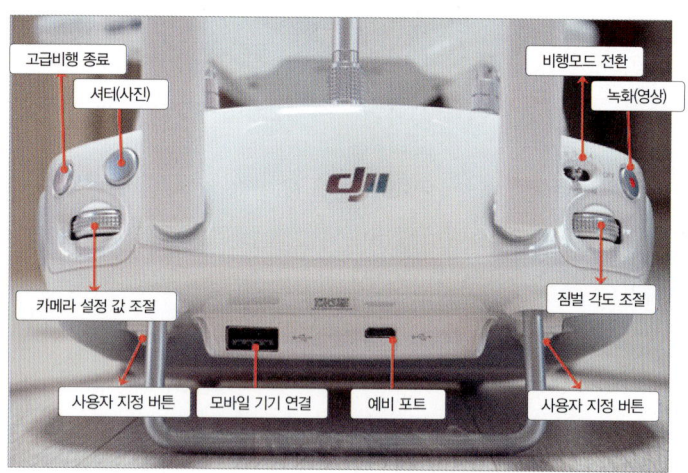

▶ 조종기의 세부 구성 요소

조종기를 켠 후 DJI GO 앱 실행하기

케이블을 연결했다면 이제 조종기의 전원 버튼을 누르고, 모바일 기기에서 DJI GO 앱을 실행해주면 됩니다.

DJI GO 앱

DJI 제품의 강점 중 하나는 DJI GO 앱입니다. 출시 초기에는 DJI 파일럿(DJI Pilot)이란 이름을 달고 출시되었지만 중간에 리뉴얼되면서 앱 이름이 DJI GO로 변경되었습니다. 앱 하나로 조종, 콘텐츠 제작 및 공유 등의 기능을 모두 수행할 수 있는, 경쟁사에서 따라올 수 없는 DJI의 막강한 솔루션인만큼 많은 기능을 담고 있습니다. 이 많은 기능을 일일이 다 설명하기에는 역부족이므로 어떤 것이 어떤 역할을 하는지에 대해서만 간략히 설명하겠습니다.

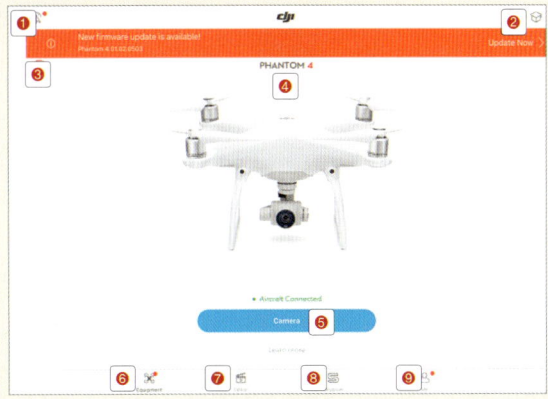

❶ **비행 기록 확인** : 조종기 스틱 입력부터 비행 경로 및 속도 등 지난 비행에 관한 기록을 확인할 수 있습니다(로그인 필요).

❷ **아카데미** : 튜토리얼 및 설명서, 그리고 시뮬레이터가 있습니다.

❸ **펌웨어 업그레이드 알림 메시지** : 업그레이드할 펌웨어가 있을 경우에 나타나게 됩니다.

❹ **연결된 기체 종류 표시** : 어떤 기체가 연결되느냐에 따라 사진이 다릅니다.

❺ **카메라 화면 진입 버튼** : 이 버튼을 눌러야 촬영 화면으로 진입이 가능합니다.

❻ **현재 보여지는 화면** : 현재 보여지는 화면을 보기 위한 메뉴입니다.

❼ **편집기** : 촬영한 영상을 편집할 수 있는 편집기입니다.

❽ **스카이 픽셀** : 제작한 영상을 스카이 픽셀 사이트에 공유할 수 있는 메뉴입니다.

❾ **내 계정** : DJI 계정에 관한 메뉴입니다.

03. 팬텀 4의 전원 켜기

이제 팬텀 4 기체의 전원을 켤 차례인데, 무턱대고 전원을 넣으면 안 됩니다. 전원을 넣기 전에 반드시 해야 하는 작업이 1가지 있는데, 먼저 사진을 보겠습니다.

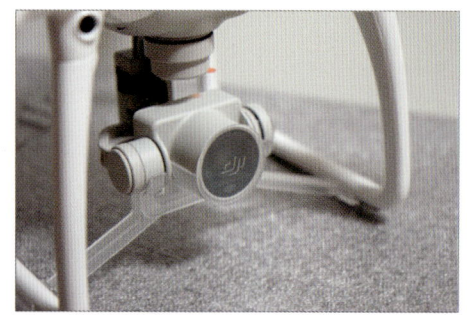

▶ 짐벌 고정 클램프

짐벌에 끼워진 플라스틱 유닛이 보이나요? 저건 팬텀 4를 보관할 때 짐벌을 고정해주는 '짐벌 고정 클램프'입니다. 팬텀은 전원을 켜면 초기화를 위해 짐벌이 상하좌우로 움직이는데, 만약 짐벌 고정 클램프를 장착한 채로 전원을 켜면 어떤 일이 벌어질까요? 짐벌은 고정 클램프 때문에 옴짝달싹 못하고, 짐벌모터는 짐벌을 움직이게 하기 위해 계속 구동하겠죠? 그러면서 짐벌모터는 과부하가 걸리게 되고, 모터의 조기 고장을 일으킬 수 있게 됩니다.

▶ 짐벌이 잘 움직이도록 짐벌 고정 클램프를 제거한 모습

전원을 넣었을 때 팬텀의 짐벌이 잘 움직일 수 있도록 전원을 켜기 전에 반드시 짐벌 고정 클램프를 제거해주세요. 그러면 "띠로리~로리~로리" 하는 소리를 내면서 짐벌이 움직이고, 기체는 워밍업 상태로 진입합니다.

04. 이륙 전 확인할 사항

이륙 전에 반드시 시행해야 할 중요한 사항이 또 1가지 있습니다. 바로 IMU 교정, 짐벌 교정, 나침반 교정입니다.

IMU 교정

IMU(Inertial Measurement Unit)를 쉽게 설명하면 팬텀의 자세 제어를 위한 센서의 집합이라고 보면 되는데, 팬텀 4는 이 IMU가 2개 장착되어 있어서 운용 안정성이 더욱 높아졌습니다. 그런데 안정성이 높아진 것과는 별개로 첫 비행 전에 IMU 교정을 반드시 해야 하는 이유는, IMU의 교정을 통해 팬텀이 비행할 때 올바른 자세를 유지하도록 해주기 위함입니다.

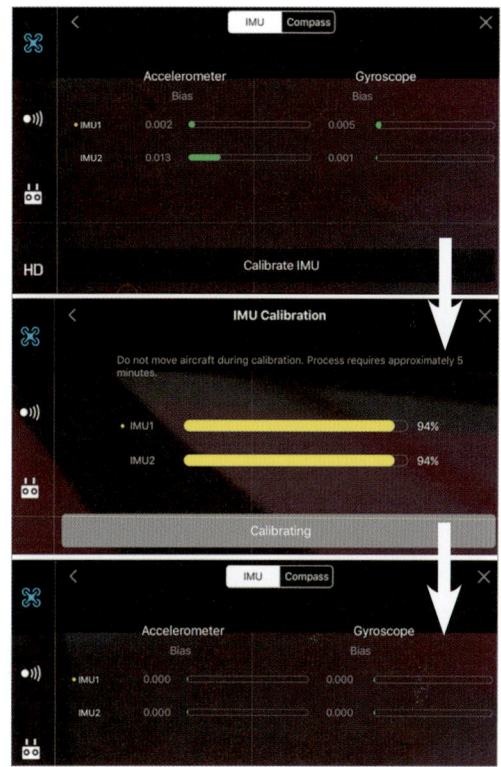

▶ IMU 교정의 효과로, 같은 장소임에도 불구하고 교정 전/후의 센서 값이 달라졌습니다.

IMU 교정은 반드시 평평한 곳에서 진행해야 하며, 평평하지 않은 곳에서 진행할 경우 그 값을 올바른 값으로 인식하기 때문에 기체가 이륙한 후 수평 유지를 제대로 못 할 수도 있습니다. 이럴 경우에는 평평한 곳에서 IMU를 다시 교정해 주면 됩니다.

짐벌 교정

짐벌도 IMU와 마찬가지로 비행 전 평평한 곳에서 교정해주면 됩니다. 평평한 곳에서의 교정이 이루어지지 않으면, 이륙 후 짐벌이 수평을 유지하는 게 아니라 비뚤어 보이거나, 겉으로는 수평 같아도 화면에서의 수평선이 비뚤어 보인다거나 하는 일이 발생하게 됩니다.

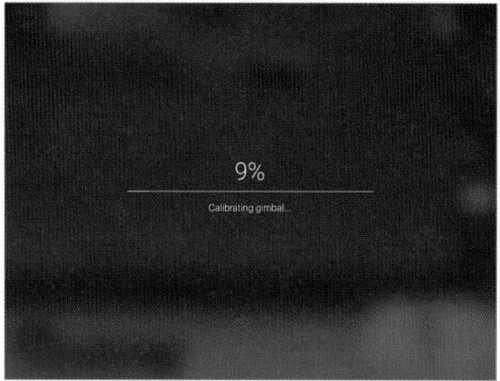

▶ 비행 전 짐벌 교정을 통해 세상을 똑바로 볼 수 있도록 맞춰야 합니다.

나침반 교정

우리가 잘 알고 있는 나침반은 지구의 자기를 이용하여 동서남북을 가리키는 아주 유용한 도구입니다. 팬텀 4를 포함한 센서형 드론에는 전자식 나침반(컴파스)이 내장되어 있어, 기체가 동서남북 중 어느 방향으로 비행하고 있는지를 알 수 있게 해 줍니다. 따라서 팬텀 4를 의도하는 방향으로 조종하려면 나침반을 교정해야 합니다.

Lesson 32

팬텀 4 날려보기

이제 팬텀 4를 날릴 준비가 모두 끝났습니다. 팬텀 4로 첫 비행을 하는 것도 중요하지만 무엇보다 중요한 것은 안전입니다. 레디 투 플라이 앱을 참고해서 반드시 비행제한구역이나 비행금지구역이 아닌 한적한 곳에서 비행하기를 권합니다.

01. 비행 준비

이륙 전에 확인해야 할 사항을 다시 한 번 정리하면 다음과 같습니다.

❶ 모바일 기기에 DJI GO 앱 설치
❷ 조종기와 모바일 기기 연결
❸ 조종기 전원 ON
❹ DJI GO 앱 실행
❺ 팬텀 4 짐벌 고정 클램프 제거
❻ 팬텀 4 기체 전원 ON
❼ DJI GO 앱에서 카메라 화면 진입

이 절차를 마친 후 팬텀 4가 초기화를 완료하면, Safe to Fly(GPS)라는 메시지를 띄우게 됩니다. 비행 준비가 완료되었다는 뜻이지만, 좀 더 안정적인 첫 비행을 위해 Safe to Fly 메시지를 터치하여 나오는 메뉴에서 나침반 교정을 터치하고 앱 화면을 참고하여 교정을 실행합니다. 교정이 문제 없이 끝났다면, 기체의 후방 LED는 초록색으로 깜빡일 것입니다.

그 다음 이륙을 위해 팬텀 4를 조종자로부터 2m 이상 떨어진 평평한 곳에 놓습니다. 조종자와의 거리를 두는 것은 혹시 모를 안전사고를 방지하기 위해서인데, 안전사고 방지 차원에서 이륙 장소는 탁 트인 넓은 곳을 선택하는 것이 좋습니다. 자기장 등의 간섭이 있는 고압선이나 전신주 근처, 좁은 공간에서의 이륙 시도는 지양해주기 바랍니다. 이륙을 위해서는 시동을 걸어야 합니다. 양쪽 스틱을 아래 그림처럼 작동합니다.

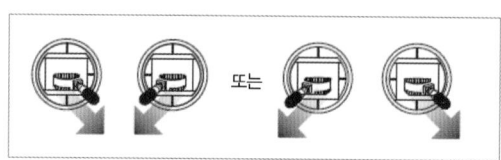

▶ 시동을 걸 때의 양쪽 스틱 위치

그러면 기체는 "위잉위잉" 하는 소리를 내면서 프로펠러가 돌아가게 될 것이고, 모바일 기기에서는 "홈 포인트 업데이트" 어쩌고 저쩌고 하는 소리를 낼 것입니다.

이 홈 포인트는 이륙 장소의 GPS 좌표값을 기록하는 것인데, 팬텀 4가 리턴 홈을 할 때 이 홈 포인트가 기록된 위치로 되돌아오기 때문에 이륙 장소에서 홈 포인트가 제대로 잡혔는지를 확인해야 합니다. 이 홈 포인트가 제대로 기록되었는지의 여부는 시청각적으로 확인할 수 있는데, 하나는 위에 설명한 모바일 기기에서의 안내 멘트를 통해 확인할 수 있으며, 다른 하나는 기체 시동 시 기체 후방 LED가 초록색으로 깜빡이는 것을 통해 확인할 수 있습니다.

하지만 GPS 수신이 양호하지 않거나, 위성 수신 개수가 적거나 할 경우에는 이륙 전 홈 포인트가 제대로 설정되지 않을 수 있습니다. 그럴 경우에 팬텀 4는 비행 도중 홈 포인트를 새로 기록한다든지, 그게 안 된다면 최종 업데이트된 홈 포인트를 인식하기 때문에 현재의 이륙 장소가 홈 포인트로 제대로 업데이트되지 않은 상태에서 비행 중 리턴 홈을 하게 될 경우에 팬텀 4는 처음 이륙한 곳이 아닌, 이전에 설정된 홈 포인트로 날아갈 수도 있습니다.

예를 들어, 어제 비행을 강원도에서 했고 오늘 비행은 서울 근교에서 하는데, 여러 가지 이유로 이륙 장소의 홈 포인트가 제대로 기록되지 않았을 경우에는 리턴 홈을 할 때 마지막으로 설정된 홈 포인트인 강원도를 향해 날아갈 수도 있다는 이야기입니다. 그래서 홈 포인트가 제대로 기록되었는지 확인하는 것은 매우 중요합니다(리턴 홈을 할 일이 없게 만드는 것이 사실 제일 좋긴 합니다).

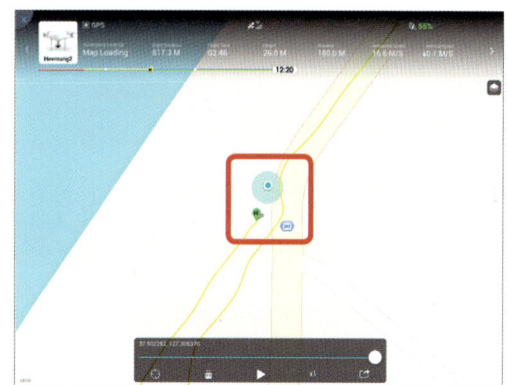

▶ 지도상에 H라고 표시된 부분이 홈 포인트가 기록된 부분입니다.

그리고 시동을 건 후에는 양손을 스틱에서 즉시 떼어야 합니다. 간혹 시동을 걸고는 오른쪽 스틱을 대각선으로 유지한 채로 왼쪽 스틱을 올리는 경우가 있는데, 이럴 경우 팬텀 4가 이륙하면서 조종자의 왼쪽 후방을 향해 날아가기 때문에 매우 위험합니다.

비행 중 특이사항이나 오류 등이 발생할 경우 DJI GO 앱에서는 안내 멘트를 통해 오류 내용을 화면 및 음성으로 알려 주는데, 이런 알림을 듣기 위해서는 모바일 기기의 볼륨을 최대한 높여서 DJI GO 앱에서의 음성 알림을 놓치지 않도록 하는 것도 중요합니다.

02. 기본 비행

이런 모든 부분에서 문제가 없으면, 왼쪽 스틱을 살짝 올려 봅시다(모드 2 기준) . 그러면 팬텀 4가 "위잉~" 하는 소리를 내며 서서히 이륙하게 됩니다. 고도를 어느 정도 높인 후 조종스틱에서 손을 떼 보기 바랍니다. 너무나도 안정적으로 그 자리에서 호버링하는 모습을 볼 수 있습니다. 이륙 후에는 곧바로 비행하지 말고, 팬텀 4가 호버링을 유지하는지의 여부를 잠깐 살펴봅니다. 그리고 조종 스틱을 아주 조금씩만 움직여서 팬텀 4가 조종 스틱을 움직이는 대로 잘 반응하는지 확인해봅니다.

그리고 문제 없으면 비행을 위해 오른쪽 스틱을 앞으로 천천히 밀어서 전진해봅니다. 팬텀 4가 아주 여유롭게 전진하게 될 것입니다. 그런데 감이 좋은 분이라면 팬텀 4의 이동 속도가 좀 느린 것 같다는 것을 바로 눈치챘을 텐데, 팬텀 4는 비행 중 장애물을 감지했을 경우 재빠른 감속을 통해 장애물과 충돌하는 것을 방지하고자 전진 비행속도에 어느 정도 제한을 주게 됩니다. 이러한 영향으로 전진 비행속도가 느리지만, 장애물 센서를 끄면 속도는 빨라집니다.

그래도 첫 비행이니만큼 장애물 센서를 켠 채로 천천히 비행을 즐기는 게 좋겠죠!(주변에 나무나 장애물이 있을 경우에는 장애물 센서를 켜고 비행하고, 높은 고도와 같이 주변에 부딪힐 만한 장애물이 없는 곳에서는 장애물 센서를 끄고 비행하면 됩니다) 자, 이제 팬텀 4가 자랑하는 스마트 모드 비행을 한 번 즐겨보겠습니다.

03. 스마트 모드 비행

팬텀 4의 스마트 모드 비행은 전방 장애물 센서를 통해서 이루어집니다. 그렇다면 이 장애물 센서는 실제 비행에서 어떻게 작동하게 될까요? 많은 분이 '장애물이 있으면 비켜가겠지!'라고 생각하는데, 사실, 그럴 수도 있고 아닐 수도 있습니다. 일반적으로 조종자가 직접 조종을 할 경우, 팬텀 4가 장애물을 감지하면 화면에 장애물과의 거리 경고가 표시됨과 동시에 경고음을 내며 그 자리에 멈추게 됩니다. 이러한 상황에서는 전진 스틱(피치)을 밀어도 앞으로 움직이지 않게 됩니다. 장애물을 피해가는 게 아닌, 장애물을 감지하고 멈춰 서는 것입니다.

▶ 전방에 수풀 장애물을 감지하고 멈춰 있는 팬텀 4

하지만 팬텀 4의 새로운 기능인 탭플라이(Tapfly), 액티브트랙(ActiveTrack)과 같은 자동 비행을 사용할 경우에는 장애물을 감지한 후 멈추는 게 아닌, 그대로 상승하여 장애물을 넘어 회피를 하게 됩니다. 이는 리턴 홈일 때도 동일하게 적용되는데, 아쉽게도 좌우로 회피하지는 않고 무조건 상승 회피만 합니다. 그러면 팬텀 4의 새로운 기능인 탭플라이와 액티브트랙은 어떤 기능일까요?

탭플라이

첫 번째로 탭플라이를 설명하겠습니다. 화면을 먼저 보겠습니다.

▶ 탭플라이 시작 모습

위 화면에서 보는 것처럼 탭플라이는 화면상의 한 지점을 '탭' 하고 'GO' 명령을 내리면 지정한 곳으로 직선 비행하는 기능입니다.

▶ 탭플라이로 비행하는 모습

비행하는 동안 화면 오른쪽의 슬라이더를 통해 비행 속도를 조절할 수 있으며, 비행 중 장애물이 감지될 경우에는 회피하여 비행하게 됩니다. 비행을 멈추고자 할 때는 왼쪽에 위치한 STOP을 터치해주면 됩니다. 안정된 직선 촬영이 필요할 때 사용하면 좋습니다.

액티브트랙

두 번째로 액티브트랙은 지정한 피사체를 따라다니는 기능입니다. 피사체를 따라가는 것에 대해서는 기존의 팔로 미와 같지만, 팔로 미는 모바일 장치의 GPS 신호를 기반으로 작동하기에 GPS 신호가 약할 경우 실행 중 중단되거나 아예 작동이 되지 않는 반면, 액티브트랙은 이미지 인식을 기반으로 하기 때문에 화면에서 대상 피사체를 지정해주기만 하면 모바일 GPS와 상관없이 피사체를 따라가는 방식입니다.

▶ 피사체를 따라가는 방식의 액티브트랙

위 화면과 같이 피사체를 드래그해서 선택해준 후 GO를 터치합니다.

▶ 액티브트랙으로 피사체를 따라가는 모습

피사체가 제대로 인식된 후 움직이기 시작하면, 팬텀 4는 선택한 피사체를 따라오게 됩니다. 따라오는 과정에 장애물이 있다면 물론 회피하고 따라오게 됩니다. 단, 피사체가 화면 속에서 급격하게 사라지게 되면 팬텀 4는 지정했던 피사체가 화면 안에 들어올 때까지 제자리에서 호버링을 하며 피사체를 찾게 됩니다.

이러한 상황에서 재미있는 것은, 미리 선택한 피사체와 비슷한 패턴을 가진 다른 피사체가 화면에 등장할 경우 팬텀 4는 그 피사체의 패턴을 인식하고 쫓아가게 된다는 겁니다. 내가 아닌 다른 이를 쫓아가는 팬텀 4의 모습을 보고 싶지 않으면, 비슷한 옷을 입은 사람을 마주할 경우에는 팬텀 4에게 신경을 좀 써줘야 합니다.

액티브트랙은 자전거 라이딩을 하는 여러분의 모습, 혹은 조깅을 하는 여러분과 타인의 모습 등을 화면에 담을 때 주로 사용하게 됩니다. 사용하기에 따라 응용할 수 있는 범위가 매우 넓을 수 있습니다.

그런데 피사체가 방향전환을 할 때 팬텀 4는 피사체를 따라 기수를 돌림과 동시에 일정 거리를 유지하기 위해 후진을 하게 되는 경우가 발생하게 되는데, 팬텀 4의 후방에는 장애물 감지 센서가 없기 때문에 팬텀 4의 바로 뒤에 장애물이 있다면 충돌로 이어질 수 있습니다(참고로, 팬텀 4 프로 버전에는 후방 장애물 감지 센서가 탑재되어 있습니다). 이 부분은 사용자의 주의가 필요합니다.

스포츠 모드

그리고 한 가지 더! 자동비행을 근간으로 한 위 2가지의 신기능 말고 또 다른 신기능이 하나 있으니, 이름하여 '스포츠 모드'입니다. 이 스포츠 모드는 말 그대로 팬텀 4를 보다 더 빠르게 비행할 수 있게 해 주는 기능이며, 이 기능으로 인해 GPS를 수신하면서도 시속 72km의 속도로 비행할 수 있습니다(팬텀 4보다 상위 기종인 인스파이어 1의 최고 속도와 동일합니다).

▶ 빠르게 이동할 수 있는 스포츠 모드

이 스포츠 모드는 촬영 대상으로 빠르게 이동하거나 팬텀 4를 다시 불러들여오거나 할 때 사용하게 되는데, 스포츠 모드 작동 시에는 장애물 센서가 자동으로 꺼지게 되니 이 점을 주의해야 합니다. 그리고 기체의 기수를 나타내는 방위계 대신 모터의 RPM 게이지가 표시되므로 기체의 방향과 위치를 파악하기가 쉽지 않으니, 어느 정도 숙달한 후에 이 스포츠 모드를 사용하는 것을 권합니다.

04. 착륙 및 비행 종료

팬텀 4의 비행이 즐거웠나요? 아무리 비행이 즐거워도 배터리가 소진되기 전에는 팬텀 4를 불러들여 착륙해야 합니다. 보통 배터리가 40%에 다다르면 촬영을 종료하고 착륙을 시키시는 게 가장 안전합니다.

팬텀 4의 착륙 방법에는 2가지가 있습니다.

첫 번째로는 조종스틱을 이용한, 가장 기본적인 착륙법입니다.

이륙 지점 상공까지 팬텀 4를 이동한 후 왼쪽 스틱을 아래로 내려서 팬텀 4를 하강시키면서 천천히 착륙해줍니다. 팬텀 4가 바닥에 착륙한 후에도 왼쪽 스틱을 끝까지 계속 내리고 있으면 팬텀 4의 시동은 꺼지게 됩니다. 팬텀 4의 왼쪽 스틱을 끝까지 내릴 때는 기체의 고도변화를 감지하게 되는데, 고도변화가 감지될 경우에는 시동을 끄지 않고, 고도변화가 없을 경우에만 시동을 끄게 됩니다. 따라서 하강 중에는 시동이 꺼지지 않고, 바닥에 닿았을 경우에만 시동이 꺼지게 됩니다.

두 번째는 위에 설명한 방법을 응용한 일명 핸드랜딩 방법입니다.

▶ 핸드랜딩으로 착륙하는 팬텀 4

착륙할 곳의 지면이 불안정하거나 해서 팬텀 4의 지면 착륙이 어려울 경우에 많이 사용하는 방법인데, 팬텀 4의 랜딩기어 윗부분을 잡고 왼쪽 조종스틱을 계속 내리고 있으면, 손에 붙들린 팬텀은 고도변화가 없음을 감지하고 시동을 끄는 것을 응용한 방법입니다. 이 방법으로 착륙할 때는 최소한의 안전을 위해 머리 위의 높이에서 팬텀을 잡아야 하고, 최대한 먼 곳에서 팬텀을 잡아야 합니다.

이 방법은 초보자가 하기에는 굉장히 위험한 방법이기 때문에, 팬텀 4와 많이 친해진 다음에 이 방법을 시도해볼 것을 강력히 추천합니다. 모든 비행이 끝나면, 전원을 켰을 때의 역순으로 전원을 꺼준 후 프로펠러를 탈착하는 등 모든 설정을 풀어 주면 됩니다.

첫 비행이 무사히 끝났다고 벌써부터 자만하면 안됩니다! 자만하는 순간 사고는 소리없이 다가오게 되니까요. 드론의 비행은 늘 조심하고 조심하고 또 조심해야 한다는 점을 잊지 말기 바랍니다.

 TIP 경험하지 않으면 절대 모를 팬텀 4의 4가지 운용 팁

❶ 나침반(컴퍼스) 에러가 발생해도 팬텀 4는 이륙할 수 있습니다. 심지어 이륙 후 자체적으로 자동 교정을 시행합니다.

❷ P 모드에서 위성을 10개 이하로 충분히 수신하지 못하더라도 팬텀 4는 이륙할 수 있습니다. 단, 이 경우 상승 고도는 7m로 제한됩니다.

❸ 장애물 감지 센서에 이물질이 묻으면 이물질을 장애물로 감지하는 경우가 더러 있기 때문에 비행 후에는 반드시 센서 부위에 이물질이 묻지 않았는지 점검을 해 줄 필요가 있습니다.

❹ 실내에서 비행할 때에는 반드시 조명을 확보해야 합니다. 조명 밝기가 충분하지 않을 경우 비전포지셔닝 시스템의 도움마저 받을 수 없기 때문입니다.

Chapter 09
영상 촬영 및 편집

드론의 많은 매력 중 하나는 일반 카메라로는 연출할 수 없는 멋진 풍경의 영상을 얻을 수 있다는 겁니다. 거기에 여러분의 모습까지 더해지면 그 감동은 더할나위 없겠죠? 이처럼 항공 촬영의 묘미로 인해 드론의 매력에 더 빠진 분이 많을 겁니다. 9장에서는 어떻게 촬영해야 남들보다 더 멋진 영상을 얻을 수 있는지 알아봅니다. 그리고 여러분이 담은 멋진 영상에 자막이나 기타 다양한 효과를 넣을 수 있는 편집 프로그램과 편집 앱도 소개합니다.

Lesson 33 드론으로 셀카를 잘 찍는 4가지 방법

한때 크라우드 펀딩을 중심으로 '셀카드론' 열풍이 불었습니다. '셀카봉'의 성공에서 보듯이 자신의 모습을 사진이나 영상으로 남기고 싶은 욕구는 누구에게나 있습니다. 여기에 드론이 결합하면서 대중들의 관심을 한몸에 받았습니다. 굳이 셀카드론을 구매하지 않더라도, 카메라가 달린 드론을 보유하고 있다면 얼마든지 셀카 촬영이 가능합니다.

01. 가장 중요한 건 배경이다

카메라 성능이 같다면, 누구를 찍었을 때 더 멋진 결과물이 나올까요? 물론, 얼굴의 윤곽이 뚜렷한 사람이 그렇지 않은 사람보다 일반적으로 더 멋진 결과물이 나옵니다. 결국 예쁜 피사체를 찍으면 예쁜 사진이나 영상이 나오게 되어 있습니다. 하지만 드론으로 얼굴을 클로즈업해서 촬영하는 경우는 별로 없기 때문에, 얼굴보다는 배경이 아름다운 곳에서 촬영하는 것이 중요합니다. 아래 사진들처럼 말입니다.

▲ 배경이 강조된 사진 1　출처 news.artnet.com

▲ 배경이 강조된 사진 2　출처 flic.kr/p/ourvnj

단체 샷도 마찬가지로 배경이 중요합니다. 배경을 선정할 때 특히 주의해야 할 점이 하나 있는데, 주변에 다른 사람들이 없을수록 좋습니다. 사진에는 찍혔는데 드론을 보지 않고 딴 짓을 하고 있을 경우 사진의 집중도가 확 떨어지거든요. 아래 오른쪽 사진만 하더라도 뒤에서 잡담하는 아저씨 세 분을 지워버리고 싶지 않나요?

▲ 배경을 살린 단체 샷 출처 flic.kr/p/p6dHL1

▲ 주변 인물이 다소 아쉬운 셀카 출처 yelp.com

02. 아이디어로 승부하라

얼굴도 자신 없고 배경도 별로라고요? 그러면 다른 방법을 강구해야 합니다. 그 대표적인 수단이 바로 톡톡 튀는 아이디어입니다. 이를테면 결혼식에 찾아온 하객들에게 하트를 부탁하거나, 옷장 정리를 하는 김에 한 컷 찍는 것만으로도 느낌 있는 사진을 얻는 것이 가능합니다. 아래 사진 같은 경우에는 엄청 선명하다거나 구도가 환상적이라거나 색감이 끝내준다거나 하지는 않습니다. 하지만 보는 재미가 있습니다. SNS에 올리면 '좋아요' 50개 정도는 쉽게 받을 정도죠. 이게 바로 아이디어의 힘입니다.

▲ 아이디어로 승부한 사진 1 출처 dronestagr.am

▲ 아이디어로 승부한 사진 2 출처 dailymail.co.uk

03. 셀카 영상의 기본은 '달리 백'이다

보통 셀카라고 하면 사진만 생각하지만 드론으로는 영상 촬영도 많이 합니다. 드론으로 셀카 영상을 찍을 때 가장 많이 사용하는 조종법이 바로 '달리 백(Dolly Back)'입니다. 달리 백은 촬영기가 피사체로부터 멀어지면서 찍는 기법으로 '달리 아웃(Dolly Out)'이라고도 합니다. 드론으로 달리 백을 조종할 때 상하타는 상승, 전후타는 후진을 하면 됩니다. 그러면 아래와 같은 영상을 촬영할 수 있습니다. 물론 이때도 배경이 매우 중요합니다.

▲ 달리 백으로 찍은 영상 1
출처 youtu.be/biLP4KAHxEk

▲ 달리 백으로 찍은 영상 2
출처 youtu.be/FZOgy5V9iml

▲ 달리 백으로 찍은 영상 3
출처 youtu.be/FZOgy5V9iml

04. 이왕이면 좋은 드론을 사자

사실 드론이 비싸고 좋을수록 사진이나 영상이 잘 나옵니다. 다음 두 사진을 비교해보면 알 수 있습니다. 왼쪽은 시마의 X5C로 찍은 사진이고 오른쪽은 패럿의 비밥드론으로 찍은 사진입니다. X5C는 입문용 드론으로 대략 4만 원대, 비밥드론은 약 30만 원 정도 하는데, 비밥드론을 선택한 이유는 촬영 목적으로 쓰는 드론 중 그나마 저렴한 편이기 때문입니다.

▲ X5C로 찍은 사진
출처 photographybay.com

▲ 비밥드론으로 찍은 사진 1
출처 ilounge.com

비밥드론으로 찍은 위 오른쪽 사진은 아마 비밥드론으로 찍을 수 있는 최악의 사진일 겁니다. 공정성 논란이 일까봐 일부러 저런 사진을 골랐습니다. 그럼에도 불구하고 선명도 차이가 두드러집니다. X5C로 찍은 사진을 자세히 보면 피사체가 뭉개져 있다는 인상을 줍니다. 화소수가 턱없이 부족하기 때문입니다. 반면 비밥드론의 사진에서는 피사체의 결이 살아 있다는 것을 확인할 수 있습니다. 못 나온 사진이 이 정도이고, 사실 비밥드론으로 제대로 찍으면 아래 사진 정도의 성능은 낼 수 있습니다.

▶ 비밥드론으로 찍은 사진 2
출처 parrot.com

사실 X5C 같은 저가 기종으로 찍은 사진은 찾기도 힘듭니다. 보통 사용자가 마음에 든 사진을 공유하게 마련인데, 카메라 성능 때문에 괜찮은 사진이 안 나오기 때문입니다. 위 사진은 그나마 나은 편입니다. 영상 쪽으로 가면 문제가 좀 더 심각해집니다. 카메라 성능에서도 차이가 날 뿐만 아니라 짐벌(Gimbal)이라는 '돈 먹는 하마'가 등장합니다. 짐벌이 없는 X5C의 영상은 다음과 같습니다. 여러분이 상상했던 드론 영상과는 많이 다르죠? 화질도 많이 떨어질뿐더러 화면이 출렁거리는 젤로 현상(젤로 현상은 Lesson 34에서 다룹니다)도 굉장히 심합니다.

▶ 화질이 떨어지고
  젤로 현상도 심한 영상
  출처 youtu.be/3mPQa8znCNs

정말 누가 봐도 괜찮은 사진이나 영상을 드론으로 촬영하고 싶다면, 과감한 투자도 고려하길 바랍니다. 카메라의 자리를 스마트폰이 위협했듯이, 언젠가는 스마트폰 역할의 상당 부분을 드론이 차지하는 날이 올 겁니다. 그 때를 대비해서 드론 조종과 촬영을 미리미리 연습해 두는 것도 좋겠습니다.

Lesson 34 젤로 현상을 극복하는 5가지 방법

젤로 현상(Jello Effect)을 아시나요? 영상이 마치 젤리처럼 출렁거린다고 해서 '젤로 현상'이라고 합니다. 아래 사진처럼 말입니다.

▶ 영상이 마치 젤리처럼 출렁거리다는 의미의 젤로 현상

촬영을 목적으로 드론을 사용하는 분들에게 젤로 현상은 넘어야 할 산입니다. 드론이 워낙 격하게 움직이고 흔들림도 많다 보니 젤로 현상이 발생하는 경우가 흔한데, 이 절에서는 젤로 현상의 해결책에 대해서 살펴봅니다.

01. 프로펠러 균형 잡기

프로펠러의 균형이 안 맞으면 비정상적인 진동이 발생해서 젤로 현상이 생길 수 있습니다. 이 경우에는 프롭밸런싱을 해주어야 하는데, 이를 하려면 프롭밸런서(Prop Balancer)가 필요합니다. 이름은 거창하지만 가격은 예상보다 비싸지 않습니다. 뱅굿 기준으로 5달러

~16달러 정도되고 국내에서도 쉽게 구할 수 있습니다. 프롭밸런서는 아래 사진처럼 생겼습니다.

▶ 프로펠러의 균형을 맞춰주는 프롭밸런서
출처 sussex-model-centre.co.uk

위 사진에서처럼 프로펠러를 프롭밸런서에 끼우면 되는데, 혹시 균형이 맞지 않다면 프로펠러는 한쪽으로 기울게 됩니다. 균형을 잡으려면 다음처럼 2가지 방법을 사용하면 됩니다.

❶ 무거운 쪽을 가볍게 만든다.
❷ 가벼운 쪽을 무겁게 만든다.

2가지 방법 중 편한 쪽을 선택하면 됩니다. 1번 방법의 경우 사포 등을 이용하게 되는데 아무래도 좀 더 어렵습니다. 그래서 보통은 2번을 택하게 됩니다. 투명 테이프를 아주 작게 잘라서 균형이 맞을 때까지 가벼운 쪽에 붙여주면 됩니다. 생각보다 간단하죠?

02. 댐퍼 활용하기

댐퍼(Damper)의 사전적 정의는 '용수철이나 고무와 같은 탄성체 따위를 이용하여 충격이나 진동을 약하게 하는 장치'입니다. 충격과 진동을 줄여준다니 당연히 젤로 현상에도 효과가 있겠죠?

댐퍼 하나만 달아도 어느 정도 진동을 잡을 수 있지만 사실 이 자체로는 큰 쓸모가 없습니다. 보통 댐퍼와 프레임을 합한 댐퍼 세트를 이용하게 되는데, 다음과 같은 형태입니다. 이것도 프롭밸런서와 마찬가지로 10달러 미만에 구매할 수 있습니다.

▲ 진동을 줄여주는 댐퍼 출처 aliexpress.com

▲ 댐퍼와 프레임을 합한 댐퍼 세트 출처 drone.parts

댐퍼 세트 가운데에 카메라를 끼우고 드론에 부착하면 됩니다. 댐퍼 세트의 경우 직접 제작하는 분도 있는데, 프레임 대신에 안 쓰는 신용카드를 사용하고, 거기에 댐퍼를 붙여서 케이블타이로 고정하는 식입니다. 구매를 하든 제작을 하든 생각해야 할 것은 2가지입니다.

❶ 프레임 크기와 카메라 크기
❷ 드론이 버틸 수 있는 무게

카메라에 비해 지나치게 크거나 작은 프레임, 드론 출력에 비해 지나치게 무거운 프레임은 당연히 안 됩니다.

03. 짐벌 구매하기

보유한 드론의 출력이 어느 정도 되어 무게를 버틸 수 있고, 좋은 영상을 위해 비용을 지불할 생각이 있다면 짐벌을 구매하는 편이 좋습니다. 카메라의 진동을 잡는 데는 짐벌만한 게 없습니다. 앞서 살펴본 댐퍼 같은 경우 짐벌에 다 들어 있는 부품입니다. 다음 사진은 웰케라(Walkera)가 만든 'G-2D'라는 짐벌입니다. 위쪽에 댐퍼가 있는 걸 볼 수 있습니다.

▶ 카메라의 진동을 잡아 주는 G-2D 짐벌
　출처 hobbyking.com

04. 완충재 사용하기

짐벌을 쓰더라도 해당 기종의 전용 짐벌이 아니라면 젤로 현상이 생기기도 합니다. 이 경우에는 짐벌 자체를 손봐야 합니다. 충격을 흡수해줄 수 있는 부드러운 소재를 활용하여 진동을 최대한 줄여야 합니다. 아래 영상은 그 한 예입니다.

▶ 완충재를 사용하여 촬영한 영상
　출처 youtu.be/kQZRFm_K2mc

05. 초기불량 가능성 의심하기

지금까지 스스로의 노력을 통해 젤로 현상을 줄이는 방법을 소개했습니다. 하지만 드론도 공산품이기 때문에 불량품이 나올 가능성이 상존합니다. 따라서 기체의 초기 불량 가능성을 의심해봐야 합니다. 모터에 문제가 있다든지, 기체 자체의 균형이 정상이 아닐 경우에

젤로 현상을 피할 수 없습니다. 또 카메라 결함으로 인해 젤로 현상이 발생할 수도 있습니다. 이런 부분은 명백히 제조사 잘못이므로 적극적으로 A/S나 교환을 요청해야 합니다. 해외에서 직구한 제품이라면, 무책임한 얘기같지만 A/S나 교환이 현실적으로 어려우므로 드론 수리점을 찾는 수밖에 없습니다. 해외직구가 저렴하다는 장점이 있지만 고장났을 경우에는 이런 단점도 있습니다.

Lesson 35
드론 동영상 편집 프로그램

평소 드론에 관심이 많아 어떤 드론을 구매할까 고민하다가 인터넷 사이트에서 이런저런 정보를 찾아보면서 결국 카메라가 달려 있는 촬영용 드론을 구매하기로 한 A씨! 고민 끝에 D사의 P 모델을 구매하고는 인터넷에서 찾아본 정보를 토대로 무사히 첫 비행에 성공하고, 내친 김에 촬영까지 진행했습니다.

그런데 아뿔싸! 영상을 촬영하긴 했는데 이것을 하나의 영상으로 만들려고 하니 어떤 편집 프로그램을 써야 하는지 몰라서 발을 동동 구르게 되었습니다. 찍어둔 영상이 아까워서라도 어떻게든 동영상으로 만들고 싶은데, 어떤 프로그램을 사용해야 할까요?

01. 윈도우즈 무비 메이커

무비 메이커(Movie Maker)는 윈도우즈에서 작동하는, 전환 효과, 스피드 조절, 자막 삽입, 영상 공유 등 동영상 편집에 필요한 기본 기능이 탑재된, 무료이면서도 간편한 동영상 편집 프로그램입니다. 처음 접하는 분이라도 쉽게 동영상을 편집할 수 있을 만큼 간편하지만, 말 그대로 간편한 편집까지만 가능하고 전문적인 편집을 진행하기에는 어렵습니다.

 TIP 윈도우즈 무비 메이커의 다운과 설치 방법

무비 메이커는 윈도우즈의 추가 기능 형태로 다운 받아 사용할 수 있었지만, 2017년 1월부터 온라인에서의 다운 받기가 중단되어 현재는 마이크로소프트를 통해서는 다운 받을 수 없게 되었습니다. 하지만 네이버 자료실 등에서 'Movie Maker'를 검색하면 나오는 설치 파일을 다운 받아 설치할 수 있습니다.

▶ 무비 메이커

02. 파워디렉터

사이버링크에서 출시한 파워디렉터(PowerDirector) 시리즈는 쉬운 인터페이스를 바탕으로 아기자기하고 다양한 효과들이 기본으로 포함되어 있으며, 기본적인 컷 편집은 물론 이미지, 음악, 자막, 영상 효과, 전환 효과 등 영상 편집에 필요한 기본 요소를 전부 갖추고 있는 윈도우즈용 편집 프로그램입니다. 전문적인 영상을 만들기에는 다소 부족하지만, 아기자기한 홈 비디오나 여행 영상 등을 만들기에는 적합합니다.

유료 프로그램이라서 33만 원 정도를 지불해야 사용할 수 있지만, 30일 무료 체험판을 통해 프로그램의 기능을 사용해볼 수 있습니다.

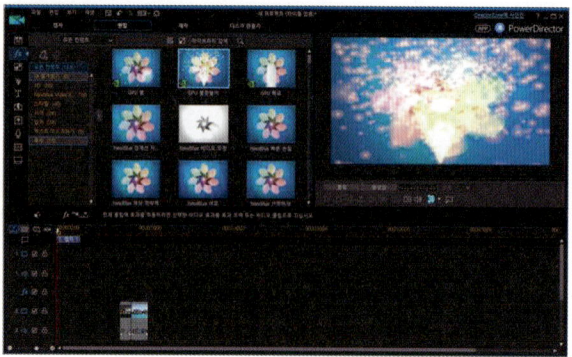

▶ 파워디렉터

03. 베가스 프로

베가스 프로(Vegas Pro)는 단축키 몇 개만으로도 간단한 편집이 가능할 만큼 직관적인 인터페이스를 갖추고 있으며, 다양한 비디오 효과와 전환 효과 등을 기본으로 내장하여 어느 정도는 훌륭한 영상을 만들어낼 수 있습니다. 그리고 색 보정 등의 영상 수정 작업 또한 전문적으로 진행할 수 있는 강력한 윈도우즈용 편집 프로그램입니다.

약 80만 원에 달하는 비용을 지불해야 모든 기능을 정상적으로 사용할 수 있는 유료 프로그램이지만 한글판이 없어서 메뉴 접근에 어려움이 있을 수 있고, 컴퓨터의 사양에 따라 프로그램 구동이 불안정해지기도 합니다. 30일 동안만 작동하는 트라이얼 버전을 통해 프로그램의 기능을 사용해 볼 수 있습니다(참고로 베가스는 처음에 소니의 자회사인 소니 크리에이티브 소프트웨어에서 출시했으나, 2016년에 매직스 소프트웨어로 판권이 넘어간 상황입니다. 2017년 8월 기준으로 베가스 프로 15 버전까지 출시되어 있습니다).

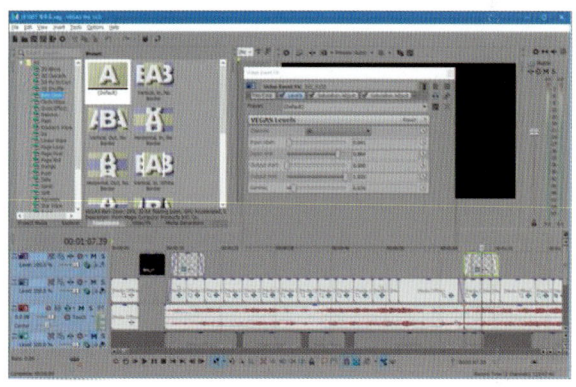

▶ 베가스 프로

04. 파이널 컷 프로

애플에서 제작한 편집 프로그램으로, 시중에 출시된 편집 프로그램 중 가장 직관적이고 심플한 UI(User Interface)를 갖추고 있어서 초보자도 쉽게 접근할 수 있습니다. 특히 촬영한 영상 클립 위에 마우스를 올려 좌우로 움직이는 것만으로도 영상 내용의 빠른 확인이 가능한 라인 스키밍 기능과 클립과 클립 사이를 자동으로 붙여주는 마그네틱 타임라인 기능 등을 이용할 수 있습니다. 또한 모션 그래픽 편집 프로그램인 모션 5와의 연동 및 수많은 파이널컷 전용 영상 효과 플러그인을 사용하여 세련되고 전문적인 영상을 제작할 수 있습니다.

ProRes 코덱 기반의 설계 및 최적화를 통해 타 편집 프로그램 대비 빠른 처리 속도를 자랑하고 대부분의 코덱을 지원하지만, 아직까지는 CinemaDNG 형식의 RAW 영상 편집을 지원하지 않는 것이 아쉽습니다.

약 35만 원의 비용을 지불해야 사용할 수 있는 유료 프로그램이며, 심플한 UI 덕분에 보급형 편집 프로그램으로 인식되는 경우도 있지만 관련 시장에서는 전 세계적으로 약 40% 정도의 점유율을 가지고 있는 유명한 편집 프로그램입니다.

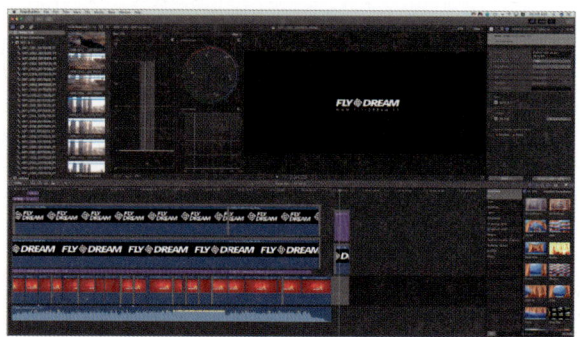

▶ 파이널 컷 프로

05. 프리미어 프로

포토샵으로 유명한 어도비(Adobe)에서 출시한 편집 프로그램으로, 수많은 영상 편집자들이 기본으로 다루고 있을 만큼 유명하면서도 대중적인 프로그램입니다. 애니메이션과 컴퓨터 그래픽 등의 후반 작업 전문 프로그램인 애프터 이펙트와의 연동 및 수많은 비디오 효과 등을 통한 전문 영상을 제작할 수 있습니다. 게다가 윈도우즈와 맥에서 모두 실행할 수 있기 때문에 플랫폼 간의 호환성이 뛰어나며 CinemaDNG RAW를 포함하여 편집 프로그램 중 가장 많은 코덱을 지원하면서도 매우 다양하고 전문적인 기능으로 무장되어 있습니다. 하지만 UI가 직관적인 편은 아니고 기능 설정이 조금 복잡한 편이라 초보자가 접근하기에는 약간 어려운 측면이 있으며 워낙 많은 기능을 갖추고 있다 보니 작업 성능이 다소 떨어지는 경향이 있습니다.

프리미어 프로 역시 최고의 편집 프로그램으로 평가받고 있는 만큼 유튜브 강좌 및 관련 책을 통해 프로그램에 대한 공부를 좀 더 한다면, 광고에 등장하는 전문적인 영상을 손수 제작할 수 있는 날이 곧 오지 않을까 기대합니다.

프리미어 프로도 30일 체험판을 통해 기능을 체험해 볼 수 있으며, 30일 후에는 월결제 플랜을 통한 유료 결제를 진행해야 프로그램을 사용할 수 있게 됩니다.

▶ 프리미어 프로

06. DJI GO

이 앱은 원래는 DJI의 드론 조종 및 촬영에 사용되는 앱이지만, 부가 기능으로 간단한 영상을 제작할 수 있는 편집기가 내장되어 있기에 소개드립니다.

DJI 드론의 경우는 촬영 시 원본 영상은 기체의 SD 카드에 저장됨과 동시에 모니터링용으로 만들어지는 저용량의 캐시 파일이 모바일 장치에 남게 되는데, 그 캐시 파일을 이용하여 간단한 영상을 제작할 수 있게 되어 있습니다.

준비된 색보정 프리셋(Preset)을 이용하여 영상의 분위기를 다양하게 연출할 수 있으며, 영상의 스피드 조절 및 밝기, 대비 및 채도 등 기본적인 보정 기능이 들어 있어 원하는 분위기의 영상으로도 만들 수 있습니다. 그리고 클립과 클립 간의 전환 효과는 물론 다양한 배경음악도 준비되어 있기에 촬영한 영상을 분위기에 맞게 즉석에서 편집할 수 있다는 장점이 있습니다. 하지만 편집을 터치로 진행해야 하기에 정밀한 편집을 진행하기는 어려우며 포함된 배경음악의 음질이 떨어지는 편이고 자막삽입 기능은 지원되지 않는 점이 아쉽습니다.

전문적인 편집보다는 촬영 후 영상을 바로 편집하여 공유하고자 하는 분들께 적합한 편집기이고, DJI GO에서 편집한 영상은 바로 SNS에 공유하거나 파일 형태로 다운 받는 것도 가능합니다(DJI 제품을 사용하는 분에게만 해당됩니다).

▶ DJI GO

07. 편집 프로그램 비교

앞서 설명한 각각의 편집 프로그램을 쉽게 비교하려고 표로 정리해두었으니 참고하기 바랍니다.

❶ 플랫폼 종류

플랫폼/종류	무비 메이커	파워디렉터 16	베가스 프로	파이널 컷 프로	프리미어 프로	DJI GO
윈도우즈	○	○	○	×	○	×
맥	×	×	×	○	○	×
iOS/안드로이드	×	×	×	×	×	○

❷ 무료 프로그램 vs. 유료 프로그램

플랫폼/종류	무비 메이커	파워디렉터 16	베가스 프로	파이널 컷 프로	프리미어 프로	DJI GO
무료	○	×	×	×	×	○
유료	×	○	○	○	○	×
체험판	×	○	○	×	○	×

❸ 유료 프로그램 가격

플랫폼/종류	무비 메이커	파워디렉터 16	베가스 프로	파이널 컷 프로	프리미어 프로	DJI GO
구매가격	무료	329,000원	814,000원	334,810원	277,200원(1년)	무료
라이선스 기간	무료	평생	평생	평생	1년 혹은 1개월	무료

Lesson 36
드론 동영상 편집 앱 BEST 5

〈나는 가수다〉나 〈불후의 명곡〉 같은 경연 프로그램을 본 적이 있을 겁니다. 출연자의 면면을 살펴보면 하나같이 노래 잘 하기로 소문난 가수들입니다. 그리고 그들이 부르는 노래 역시 명곡으로 인정받은 것들입니다. 임재범과 박정현, '내 사랑 내 곁에'와 '그대 내 품에'의 우열을 가린다는 것은 사실상 불가능에 가깝습니다. 그럼에도 승부는 가려집니다. 이 때 가장 결정적인 역할을 하는 게 바로 '편곡'입니다. 편곡이 얼마나 신선한지, 그리고 부르는 이의 장점을 얼마나 잘 살렸는지에 따라 투표 결과가 정해지게 됩니다.

영상도 음악과 크게 다르지 않습니다. 드론 영상 공모전의 황제로 불리는 '제이프렌(J.FREN)'의 멤버 이영재님은 다음과 같이 말했습니다.

"어차피 같은 장소를 찍으면 영상은 비슷할 거예요. 편집이 중요하죠."

최근에는 간편하게 이용할 수 있는 스마트폰 앱이 각광을 받고 있습니다. 고사양 PC 없이도 언제 어디서나 영상 편집을 할 수 있다는 점이 매력입니다.

01. 아이무비(iOS)

만약 여러분이 아이폰 혹은 아이패드의 사용자라면 크게 고민할 이유가 없습니다. 기본 앱인 '아이무비(iMovie)'만으로도 충분하기 때문입니다. 아이무비는 기본 앱 답지 않게 다양한 기능을 자랑합니다. 영상의 속도를 조절한다든가, 2개의 영상을 동시에 배치하는 것이 가능합니다. 사용자를 위한 도움말 기능도 잘 되어 있어서, 오른쪽 상단의 물음표를 탭하면 메뉴 설명을 바로 확인할 수 있습니다.

또 앱이 기본적으로 제공하는 다양한 양식의 템플릿을 활용해서 멋진 예고편을 만드는 것도 가능합니다. 어떻게 이런 앱이 무료일 수가 있을까요?

아이무비의 단점이라고 한다면 기본적으로 제공되는 템플릿과 효과 외에는 적용이 불가하다는 점을 들 수 있습니다. 애플 특유의 폐쇄성이랄까요? 또 여러 개의 영상을 함께 불러서 편집할 때 헷갈리는 경우가 있으니 주의하기 바랍니다.

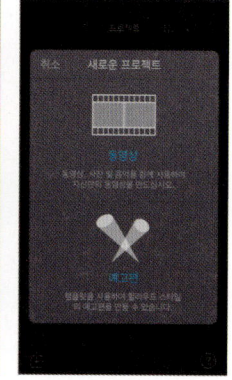

▶ 기본 앱답지 않게 다양한 기능을 자랑하는 아이무비

02. 카메오(iOS)

카메오 출연, 아닙니다. 앱 이름입니다. 세계적인 동영상 공유 사이트인 비메오(Vimeo)에서 만든 '카메오(Cameo)'가 아이무비의 아성에 도전합니다. 비메오의 아들(?)답게 영상 편집 후 바로 비메오에 공유가 가능하다는 것이 큰 장점입니다.

카메오의 또 다른 강점은 음악입니다. 여러 아티스트가 만든 다양한 장르의 음악을 배경음악으로 사용할 수 있습니다. 아무래도 원곡자의 이름이 기재되다 보니 음악을 더 열심히 만들어서인지 카메오가 제공하는 음악의 만족도는 매우 높습니다.

 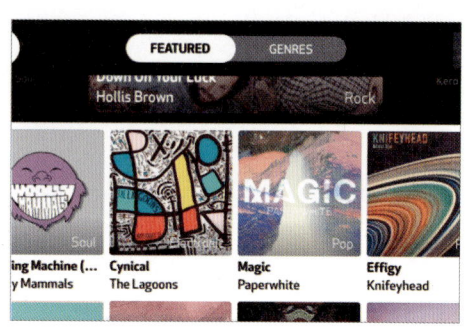

▲ 비메오가 만든 카메오   ▲ 카메오에서 제공하는 다양한 음악

카메오는 인터페이스가 굉장히 쉽고 직관적입니다. 다음 사진처럼 말이죠.

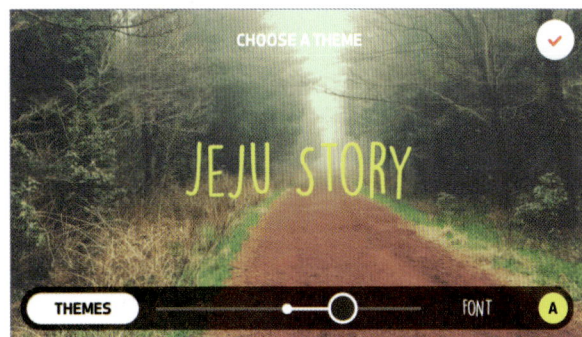

▶ 인터페이스가 직관적인 카메오

다만 지나치게 쉽다 보니 아이무비와 비교하면 기능이 다양하지는 않습니다. 보다 정교하고 섬세한 편집을 원하면 아이무비를, 간단한 편집과 좋은 음악을 원하면 카메오를 사용하면 됩니다.

03. 키네마스터(안드로이드)

이제 안드로이드 쪽을 살펴보겠습니다. 첫 타자인 키네마스터(Kinemaster)는 안드로이드 동영상 편집 앱 중에 가장 높은 평가를 받습니다. 넥스트리밍(NexStreaming)이라는 곳에서 만든 앱인데, 넥스트리밍은 국내 업체입니다.

키네마스터의 경우 영상 자르기 및 이어 붙이기, 테마 넣기, 배경음악 넣기 등 웬만한 기능은 다 갖추고 있다고 보면 됩니다. 특히 영상 위에 이미지, 스티커, 손글씨 등을 넣을 수 있는 멀티 레이어(Multi Layer) 기능이 강점입니다. 또 최대 1080p 해상도로 영상 저장이 가능해서 드론으로 촬영한 영상을 편집하기에 부족함이 없습니다.

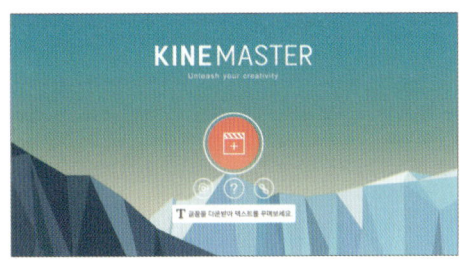

▲ 키네마스터의 메인 화면

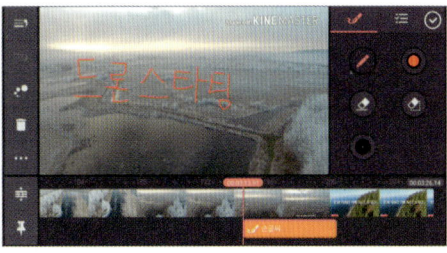

▲ 키네마스터의 멀티 레이어 기능

키네마스터의 단점은 우측 상단에 박힌 로고입니다. 저 로고를 없애려면 유료 버전을 써야 하는데, 1개월 또는 1년 단위로만 결제가 가능합니다. 키네마스터를 가끔 사용하는 분들 입장에서는 참으로 애매하지만 앱 제작사 입장에서 보면 매출을 올려야 하니 넓은 가슴으로 이해해 주길 바랍니다.

04. 비바비디오(안드로이드)

평가는 키네마스터가 가장 좋지만, 누적 다운로드 횟수는 QuVideo가 만든 '비바비디오(VivaVideo)'가 압도적입니다. 무려 1억 건 이상의 다운로드 기록을 자랑합니다(키네마스터는 1,000만 건입니다).

많은 사람이 사용하는 데는 그만한 이유가 있을 겁니다. 메뉴 화면에서 보듯이 기능 구성이 단순하면서도 깔끔해서 누구든 쉽게 사용할 수 있는 앱입니다. 또 비바비디오로 편집한 영상은 몇 번째 작품인지, 언제 편집했는지 모두 표기되므로 나중에 파일을 찾을 때 아주 유용합니다.

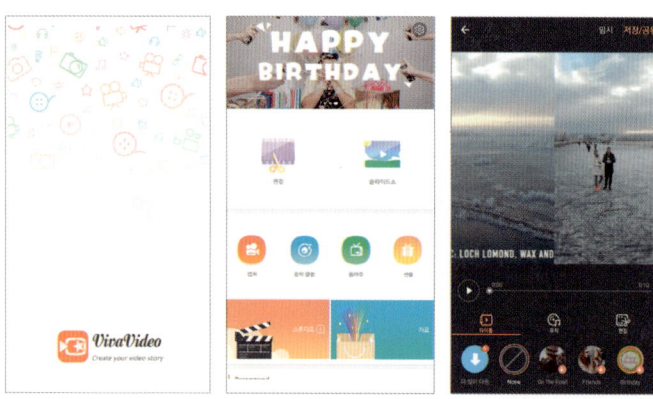

▶ 비바비디오의 메뉴(중)와 구성(우)

특히 영상 2개를 이어붙이는 콜라주 기능은 간단하게 사용할 수 있습니다. 다만 키네마스터와 마찬가지로 무료 버전을 사용하면 영상에 로고가 박힌다는 단점이 있습니다(키네마스터는 오른쪽 상단인 반면, 비바비디오는 오른쪽 하단입니다). 또한 동영상의 크기를 조절할 수 없다는 게 아쉽습니다. 편집 후 화질 저하가 불만이라는 의견도 있습니다. 보다 좋은 품질의 영상을 원한다면 키네마스터를, 편의성을 중시한다면 비바비디오를 선택하면 됩니다.

05. 포토 렌즈 커렉터(안드로이드)

'포토 렌즈 커렉터(Photo Lens Corrector)'는 이름에서 보듯이 사진 편집 앱입니다. 이 절의 주제에서는 약간 벗어나지만 드론 사용자들에게 굉장히 유용한 앱이기 때문에 보너스로 소개합니다. 어떤 점에서 유용하냐고요? 포토 렌즈 커렉터의 기능이 바로 드론 사진의 영원한 숙제, 왜곡현상 보정이기 때문입니다.

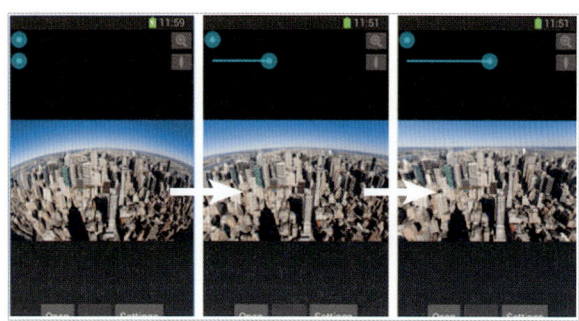

▶ 포토 렌즈 커렉터의 편집 화면
출처 play.google.com/store

가장 왼쪽이 원본이고 그 오른쪽에 있는 사진들이 보정을 거친 결과물입니다. 차이가 확연합니다. 유료 앱이라는 점이 너무너무 아쉽지만, 더 멋진 사진을 위해 2천 원 정도는 투자할 수 있으리라 믿습니다.

Chapter 10
상황별 위기 대처법

혹시 고속도로를 잘 달리던 자동차가 휴게소에 들렀더니 갑자기 시동이 걸리지 않았거나 집에서 급하게 나와 버스를 탔는데, 교통카드가 없어 당황한 적은 없나요? 이처럼 일상생활에서도 예상치 못했던 여러 위기 상황을 맞게 됩니다. 그럴 때 이에 대한 자신만의 노하우가 있거나 이런 일을 경험했던 다른 이들의 간접 경험이 있다면 그 위기를 좀 더 쉽게 헤쳐 나갈 겁니다.

10장에서는 이처럼 드론을 날릴 때 생길 수 있는 돌발상황이나 위기상황을 소개하고 현명하게 그 상황을 대처하는 방법을 설명합니다.

Lesson 37 드론 초보자가 많이 하는 실수 BEST 5

드론을 잘 다루려면 공부도 많이 해야 하고, 조종법을 익히는 데도 꽤 많은 시간이 필요합니다. 따라서 처음 드론을 시작하는 초보 분들의 경우에는 참 난감할 수밖에 없습니다. 이런 경우 드론 초보자들이 많이 실수했던 사례로 예방 주사를 미리 맞으면 큰 도움이 될 겁니다. 여기서는 드론 초보자가 많이 하는 실수 BEST 5를 꼽아봤습니다.

01. 프로펠러는 도는데 드론이 뜨지 않아요

전자 제품 매뉴얼을 보면 이상이 생겼을 때의 조치사항이 "플러그가 꽂혔는지 확인하라", "스위치가 on 상태인지 확인하라"와 같이 나와 있어 황당하게 느껴지는 경우가 많습니다. "그런 실수를 하는 사람이 있을까?" 싶은 내용이 매뉴얼에 있는 이유는 무엇일까요? 실제로 그런 사람이 많기 때문입니다.

드론도 예외가 아닙니다. 매뉴얼만 봐도 해결할 수 있는 문제를 붙잡고 끙끙대다 인터넷에 올려 질문하는 분이 많은데, 대표적인 것이 프로펠러 문제입니다. 똑같아 보이는 프로펠러지만 자기 자리가 있고, 알맞은 자리는 매뉴얼에 다 나와 있습니다. 그런데도 아무 생각 없이 꽂아놓고 의아해합니다.

'대체 왜 날지 않는 걸까? 불량품인가 보다.'

프로펠러를 장착하기 전에 매뉴얼을 꼭 확인하세요. 요즘에는 사용자의 혼란을 막기 위해 아예 다른 색깔로 프로펠러 자리를 구분해놓은 제품도 있습니다. 이렇게까지 친절하게 해주는데 프로펠러를 잘못 끼우면 개발자들이 섭섭하겠죠?

▶ 프로펠러를 잘못 끼우면 날지 못하는 드론

02. 배터리가 부풀었어요

대부분의 드론이 리튬 폴리머 전지를 사용합니다. 리튬 폴리머 전지는 리튬 이온 전지에 비해 성능은 좋지만 보관이 까다롭습니다. 특히 주의해야 할 것이 '배부름 현상'입니다.

배터리가 부풀 경우 "배가 불렀다"고 표현하는데, 배터리가 부풀게 되면 성능이 급격히 저하됩니다. 사고를 막으려면 배부른 배터리를 사용하지 않을 것을 권합니다. 배터리가 부푸는 이유는 크게 3가지로 정리할 수 있습니다.

❶ **배터리를 완충 상태로 보관하면 배터리가 부풀 수 있습니다**

따라서 70% 정도만 충전한 상태로 보관하는 것을 권합니다.

❷ **뜨거운 곳에 보관하면 배터리가 부풀 수 있습니다**

특히 기온이 높을 때 자동차 트렁크 등 뜨거운 곳에 배터리를 보관하면 위험합니다. 직사광선을 피해서 서늘한 곳에 보관하기 바랍니다.

❸ **배터리 출력을 무리하게 끌어서 쓰면 배터리가 부풀 수 있습니다**

최고 속도로 장시간 비행하는 것은 그 자체로 위험할 뿐만 아니라 배터리 수명에도 악영향을 미칠 수 있습니다.

▶ 부풀어 오른 배터리 출처 wattflyer.com

03. 리턴 홈 눌렀다가 견적이 났어요

리턴 홈은 버튼 하나만 누르면 처음 이륙했던 곳으로 돌아오니까, 초보 분들에게는 정말 매력적인 기능입니다. 그러나 리턴 홈이 만능 열쇠는 아닙니다. 우선 이륙한 장소가 어떤 곳인지를 생각해야 합니다. 지면이 딱딱하다든가 돌부리가 삐져나와 있다든가 할 수 있는데, 이런 곳으로 리턴 홈을 해버리면 견적이 날 확률이 높습니다. "견적나다"는 은어로 '파손' 등의 고장이 발생해서 수리비가 들게 되었음을 의미합니다.

다음으로 리턴 홈을 하기 전에 고도를 충분히 높여 놓아야 합니다. 리턴 홈을 실행하면 드론은 이륙 장소로 돌아오게 되는데, 만약 리턴 홈 경로에 어마어마하게 커다란 나무가 있다면 어떻게 될까요? 새들은 불의의 습격에 놀라고 사람은 드론 수리비에 놀라게 됩니다.

물론, 고가의 드론은 리턴 홈 실행 시 자동으로 고도를 높이기도 합니다. 하지만 그것만으로는 완벽하지 않습니다. 주변 환경을 고려해서 안전한 높이까지 올라가는 게 아니라, 그냥 설정값만큼만 상승하기 때문입니다. 여러분의 드론 기능만 믿다가 뒤통수를 맞을 수 있는 겁니다. 사고를 피하고 싶다면 반드시 충분한 높이를 확보해야 합니다.

마지막 주의사항이자 가장 핵심적인 내용입니다. 제발 드론을 시야 밖으로 날리지 말길 바랍니다. 리턴 홈 기능을 믿고 한없이 멀리 날렸다가 돌아올 때 필요한 배터리가 모자라서 견적이 나거나, 생각지 못한 장애물을 만나 사고로 이어질 수 있습니다. 안전비행을 위해서는 드론이 항상 눈에 보이는 곳에 있어야 한다는 사실을 꼭 기억하기 바랍니다.

▶ 부주의로 파손된 드론과 카메라 렌즈

04. 모터가 고장났어요

모터가 고장나는 가장 흔한 원인은 과열입니다. 과열의 원흉은 '배터리만 갈아주면 되겠지!'라는 사용자의 착각입니다. 초보자들은 추가 배터리를 5개~6개 사다놓고 쉼 없이 계속 드론을 날리고 전력을 공급하는 배터리와 별개로 모터는 계속해서 돕니다. 모터에게도 휴식이 필요합니다. 기계 장치는 기본적으로 열을 싫어합니다. 자동차 모터든, 노트북이든, 스마트폰이든 발열이 생기면 성능이 저하됩니다. 그래서 냉각 장치가 따로 있는 겁니다. 하지만 드론에는 이렇다 할 냉각장치가 없습니다. 그러니 유일한 방법은 휴식입니다. 추가 배터리를 넉넉하게 구매하는 것은 권장할 만한 사항이지만, 이것이 모터 혹사로 이어지지 않게 주의해야 합니다. 발열이 지속되면 반드시 탈이 납니다.

05. 스펙보다 성능이 안 좋아요

스펙에는 30분 동안 날릴 수 있다고 되어 있는데, 20분이 되니 배터리가 다 됐다고 합니다. 초보 분들은 생각합니다. '왜, 30분을 못 날까? 업체에서 날 속였구나!' 아니면 '내 드론이 고장났나 보다' 하고 인터넷에 질문을 올립니다.

과연 우리는 속아서 산 걸까요? 물론 허위 광고일 수도 있습니다만, 대부분의 경우 스펙과 현실의 괴리는 비행 환경 차이에서 발생합니다. 스펙에 표시되는 비행 가능 시간의 기준은 '바람이 없는 상태에서 드론에 아무 것도 달지 않았을 때'입니다. 하지만 현실은 어떻습니까? 바람이 아예 없는 날은 정말정말 드뭅니다. 그리고 카메라나 짐벌을 단 채로 비행하는 경우가 많습니다. 바람을 뚫거나 카메라를 달고 비행하려면 당연히 배터리 소모량은 늘어나고 비행 시간은 짧아집니다. 기체에 특별한 이상이 없더라도 말입니다.

Lesson 38 조종 중에 처할 수 있는 돌발상황들

드론으로 비행을 하다 보면 여러 돌발상황이 발생할 수 있습니다. 이 절에서는 드론 조종을 하면서 발생할 수 있는 위기상황과 그 대처 방안에 대해서 매뉴얼 모드의 연습용 기체와 GPS가 달린 보다 큰 기체의 경우로 나누어서 소개하겠습니다.

01. 매뉴얼 모드 기체

바람이 불어서 드론이 날아가버리는 상황

토이급으로 나온 미니 드론들은 실내 사용을 목적으로 만들어졌기 때문에 바람에 취약한 경우가 많습니다. 기체가 바람에 날아가면 '상하타'를 살살 내리면서 가능한 기체에 무리가 가지 않게 착륙해야 합니다. 실외에서 연습할 때는 기본적으로 바람이 없는 곳이나 바람이 적은 아침 시간대를 이용하는 것이 좋습니다.

아이들이 드론을 보고 달려드는 상황

드론 연습을 하다 보면 갑자기 아이들이 달려드는 경우가 있습니다. 그럴 때 다른 방향으로 조종해서 피하려고 하지 말고, 바로 천천히 내려 놓는 게 좋습니다. 연습 중 발생하는 사고의 다반수는 사람을 피하려다 오히려 잘못된 조작을 하여 일어나기 때문입니다.

제어가 마음대로 안 되는 상황

처음 드론을 조종할 때는 드론이 생각하지 못했던 방향으로 움직이는 경우가 많습니다. 초보 분들은 이럴 때 보통 반사적으로 '상하타'를 놓아서 착륙시키려고 하는데, 그러면 기체가 추락하게 됩니다. 이때는 상하타를 그냥 내리거나 놓는 것이 아니라, 상하타를 계속 살짝 올려주면서 떨어지는 속도를 낮추어야 합니다.

02. GPS 탑재 기체

GPS 모드가 갑자기 작동하지 않는 상황

아무리 좋은 기체를 사용하더라도 전파 방해나 자체 오작동으로 GPS가 먹통이 되는 경우가 발생합니다. 이때는 바로 애티튜드 모드와 GPS 모드를 3번 정도 왔다갔다하면 다시 GPS 모드가 잡히는 경우가 있습니다. 그래도 안 되는 경우에는 애티튜드 모드로 전환한 후 천천히 드론을 되돌려 착륙시키고 전원을 재시동하는 게 좋습니다.

새떼와 맞닥뜨린 상황

갑자기 새떼들이 드론을 공격하면 고도를 일시적으로 확 높이고 피하는 것이 좋습니다. 새들의 습성상 고도를 낮추어서 피하려고 하면 따라오면서 계속 공격을 할 수 있기 때문입니다.

드론이 시야에서 사라진 상황

드론이 시야에서 사라졌을 때, 리턴 홈 기능을 사용하면 되지만 이 기능을 너무 신뢰해서는 안 됩니다. 시판되는 취미용 드론 대부분은 장애물 회피 기능이 없기 때문에, 리턴 홈 모드로 회귀하는 도중에 장애물과 충돌할 수 있습니다. 따라서 리턴 홈 기능 실행 전에 10m~20m 정도 충분히 고도를 높이고, 기체가 가시거리에 들어오면 직접 조종하는 게 좋습니다.

Lesson 39 드론으로 인한 사고 사례

드론은 위험합니다. 어떻게 포장을 해도 부정할 수 없는 사실입니다. 지각 있는 드론 업계 종사자들이 귀에 못이 박히도록 '안전'을 외치는 데는 다 이유가 있습니다. 아직까지 국내에서는 드론 사고가 많이 보도되지 않고 있지만, 이는 드론 보급률이 낮기 때문이지 드론이 안전하기 때문이 아닙니다. 과연 그 동안 어떤 일들이 벌어졌을까요?

01. 드론에 한쪽 눈을 잃은 아기

잉글랜드 우스터셔 주에 사는 오스카 웹(Oscar Webb)은 태어난 지 16개월 만에 한쪽 눈을 잃었습니다. 비극을 초래한 주범은 드론이었습니다. 이웃에 사는 소년 사이먼 에반스(Simon Evans)가 조종하던 '팬텀 2'의 프로펠러가 웹의 오른쪽 눈을 스치고 지나간 것입니다. 착륙을 시키려다가 드론이 나무에 부딪혔고, 통제를 잃은 드론이 하필 웹 쪽으로 날아갔습니다.

웹의 어머니인 에이미 로버츠(Amy Roberts)는 아들의 부상이 "내가 태어나서 본 것 중 가장 끔찍한 장면이었다"고 말했습니다. 드론을 조종했던 에반스는 "사건 이후 다시는 드론을 날리지 않았다. 창고에 있는 드론을 볼 때마다 고통을 느낀다"며 죄책감에 시달리고 있음을 고백했습니다.

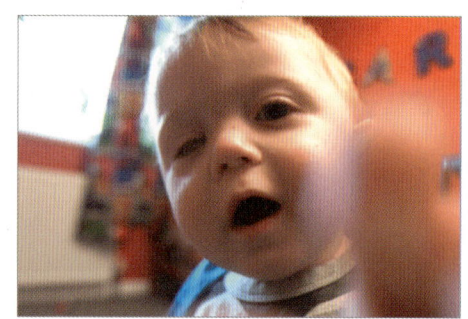

▶ 드론에 한쪽 눈을 잃은 아기 출처 bbc.com

02. 십 년 감수한 스키 선수

마르셀 히르셔(Marcel Hirscher)는 오스트리아 국가대표 스키 선수입니다. 2014년 열린 소치 동계올림픽에서 은메달을 거머쥘 정도로 뛰어난 실력을 갖추고 있었습니다. 1989년생으로 나이도 젊습니다. 그런데 드론이 이 전도유망한 청년의 인생을 끝장낼 뻔했습니다.

사고가 벌어진 곳은 이탈리아의 스키 월드컵 현장이었습니다. 방송국에서 촬영을 위해 운용하던 커다란 드론이 추락한 것입니다. 나중에 밝혀진 사고 원인은 주파수 혼선이었다고 합니다. 히르셔는 인터뷰를 통해 "정말 끔찍한 일이었다. 이런 일은 절대 되풀이되면 안 된다"고 말했습니다.

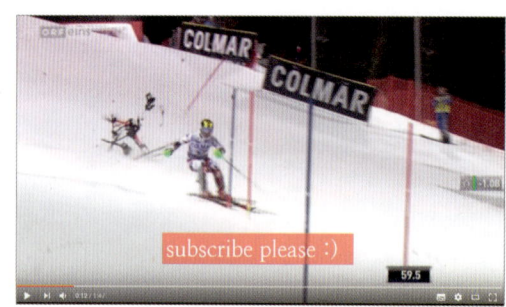

▶ 주파수 혼선으로 큰 사고를 당할 뻔한 스키 선수
  출처 youtu.be/Jislf5LxPxw

03. 결혼식도 못 올릴 뻔한 커플

요즘 결혼식 촬영을 위해 드론을 쓰는 일이 종종 있는데, 자칫 가장 행복한 날이 가장 끔찍한 날이 될 지도 모릅니다.

사고는 결혼식 이틀 전에 있었던 웨딩 사진 촬영 현장에서 일어났습니다. 드론이 포즈를 취하고 있는 신혼부부에게 돌진한 것입니다. 당시 드론을 조종한 당사자인 유튜버 'Wedding Man123'은 "정말 끔찍한 심경이었다"고 밝혔습니다. 다행히도 신부는 다치지 않았고, 신랑도 머리와 뺨만 약간 긁힌 정도였다고 합니다.

▶ 결혼식 촬영 중에 일어난 드론 사고
출처 youtu.be/SB37PUkIT-s

04. 해운대 해수욕장에서의 드론 추락 사고

드론 사고는 해외에서만 일어나는 일이 아닙니다. 2015년 7월, 부산 해운대 해수욕장에서는 피서객의 안전을 위해 운용되던 감시용 드론이 추락하는 아찔한 사고가 있었습니다. 구명복까지 싣고 있어 크기도 제법 큰 드론이었습니다.

사람이 없는 곳에 떨어졌기에 망정이지, 자칫 인명피해로 이어질 수 있는 사고였습니다. 추락 원인은 역시나 주파수 문제였습니다. 드론 조종 주파수와 휴대전화 기지국의 주파수가 혼선을 일으킨 것입니다.

▶ 주파수 혼선으로 인한 드론 추락 사고
출처 youtu.be/MLJYyi5GMzo

05. 안전하지 않은 미니 드론

미니 드론, 물론 작고 가볍습니다. 하지만 그것만으로 안전하다고 말할 수는 없습니다. '사람과의 거리'라는 변수가 있기 때문입니다. 미니 드론은 실내에서 날리는 경우가 많고, 인식 거리가 극히 짧기 때문에 주로 조종자 근처에서 비행하게 됩니다. 그래서 갑자기 부딪치는 경우가 생기기도 합니다. 이런 경우 얼굴이나 손 등 피부가 직접 노출된 부위는 언제든 다칠 수 있습니다. 눈은 특히 조심해야 할 부위입니다. 조종자 본인뿐만 아니라 가족도 위험할 수 있습니다.

▶ 작다고 간과하는 미니 드론의 위험
출처 youtu.be/jO8HcCsC9os

06. 드론을 대책 없이 멀리 날렸을 때 생길 수 있는 일

유튜버인 스테판 엑스탐(Stefan Ekstam)은 한 가지 궁금증이 생겼습니다. '드론을 구름 위로 날리면 어떻게 될까?' 그리고 그 꿈을 이뤘습니다. 하지만 문제는 그 후에 발생했습니다. 배터리 잔량이 급격히 떨어지기 시작한 것입니다. 급히 착륙시킬 곳을 찾았지만 드론은 너무나도 높이, 그리고 멀리 떠나 있었습니다. 결말은 말 안해도 알 겁니다.

▲ 구름 위까지 날린 드론 1
출처 youtu.be/GfxdeRx2fLA

▲ 구름 위까지 날린 드론 2
출처 youtu.be/GfxdeRx2fLA

이 비행에 사용된 기체는 DJI의 F550이었습니다. F550은 커다란 헥사콥터입니다. 이 사례에서는 다행히 드론만 망가졌지만, 그냥 운이 좋았을 뿐입니다. 만약 오스카 웹 같은 어린아이가 드론이 추락한 자리에서 놀고 있었다면 어떻게 됐을까요? 상상하기도 싫은 끔찍한 사고가 일어났을 겁니다.

07. 비행기 30m 앞을 스쳐간 정체불명의 드론

2015년 8월31일, 뉴욕 케네디 국제공항에서 아찔한 일이 있었습니다. 착륙하려는 비행기 앞에 정체불명의 드론이 스쳐지나갔는데, 불과 30m 떨어진 거리였다고 합니다. 더 놀라운 건 같은 날 5시, 같은 장소에서 이같은 일이 또 반복되었다는 겁니다. 150명의 승객이 탄 여객기가 착륙하는데 정체불명의 드론이 427m 거리까지 접근한 겁니다.

파일럿이나 승객 입장에서는 정말 아찔하고 화나는 일이 아닐 수 없습니다. 까딱 잘못했다간 큰 사고로 이어질 뻔했으니까요. 규정상 공항 반경 8km 이내(우리나라의 경우 9.3km)는 드론 비행이 금지되어 있습니다.

▶ 비행기 30m 앞을 스쳐간 정체불명의 드론

사고의 원인은 엄청나게 다양하며, 사고가 언제 어떻게 찾아올지 전혀 예측할 수 없습니다. 이런 상황에서 사용자들이 할 수 있는 최선의 노력은 무엇일까요? 바로 기본에 충실한 겁니다.

Part 05

드론 산업의 미래와 전망

여기까지 잘 따라왔다면 이제 드론에 대해 상당한 이해를 하고 안전하게 드론을 날릴 수 있는 경지에 올랐을 겁니다. 그렇지만 드론에 대해서 한 단계 더 올라서기 위해서는 스스로 드론에 대한 정보를 찾고, 그 정보를 공유하고 드론에 대한 새로운 이슈에 대해서 함께 고민해야 합니다.

5부에서는 여러분들의 실력을 한 단계 더 높여주기 위한 내용을 다룹니다. 미처 하지 못했던 이야기들, 그리고 드론에 대한 미래 전망과 핫 이슈 등을 통해 드론의 중급자로서 당당히 설 수 있는 여러분의 모습을 기대합니다.

Chapter 11
관련 규정 파악하기

레이싱 드론, 특히 FPV 때문에 드론에 대한 매력을 더 강하게 느꼈다면 꼭 한 번 짚어야 할 부분이 있습니다. 바로 '전파법'입니다. FPV를 이용하려면 라디오 주파수를 사용해야 하는데, 전파법이라는 것이 이 라디오 주파수와 관련이 있기 때문입니다. 그리고 이 전파법 때문에 혹시라도 불이익을 받을 수도 있습니다. 따라서 드론을 날리기 전에 전파법을 비롯하여 '전파인증' 등의 관련 규정을 꼼꼼하게 확인해야 합니다.

Lesson 40
전파법과 FPV

토이급 드론으로 시작해서 어느 정도 조종이 손에 익으면 2가지 선택지가 생깁니다. 그 선택지는 팬텀이나 인스파이어 같은 촬영용 드론을 구매하거나, 속도감을 즐기기 위해서 레이싱 드론에 입문하는 겁니다. 그리고 후자를 선택한 사람들은 거대한 유혹에 마주하게 됩니다. 치명적인 매력을 지닌 FPV라는 유혹입니다.

파일럿의 시점이 되어 즐기는 레이싱 드론의 속도감은 정말 짜릿합니다. 육안으로 저 멀리 날아가는 기체의 뒷모습을 하염없이 바라보는 것과는 차원이 다릅니다. 그런데 문제는 FPV가 사실상 불법이라는 데 있습니다. 호환마마보다 무서운 전파법이 가로막고 있기 때문입니다.

▶ FPV에 심취한 사람들
출처 indiegogo.com

FPV의 구성품은 카메라, 영상 송신 장치(Transmitter), 영상 수신 장치(Receiver), 영상 출력 장치(모니터를 생각하면 됩니다)로 구성되는데, 전파법과 관련된 부분이 바로 영상 송신 장치입니다. 더 정확하게 말하자면 영상 송신 장치가 사용하는 주파수 대역폭입니다.

민간에서 사용하는 주파수 대역은 2.4GHz 혹은 5.8GHz인데, 영상 송신 장치도 마찬가지로 같은 주파수 대역을 사용합니다. 2.4GHz의 경우 우리가 흔히 사용하는 와이파이에서 사용하는 대역입니다. 따라서 스마트폰을 비롯한 대부분의 무선 기기가 2.4GHz 대역의 주파수를 사용한다고 보면 됩니다.

▲ 주파수 문제의 주인공인 영상 송신 장치와 2.4GHz의 지배자인 와이파이 로고   출처 hobbyking.com

흔히 쓰이는 주파수인 만큼 주변 전파 간섭의 위험이 높습니다. 그리고 전파 간섭이 벌어질 경우 소위 말하는 '노콘기체와 조종기 사이의 신호에 문제가 생겨 조종자가 의도하지 않은 기체 동작이 발생하는 현상을 말합니다.'이 발생할 수 있습니다. 운이 좋아 노콘까지 가지 않더라도, FPV 영상이 심하게 끊기는 현상이 발생할 수도 있고요. 고속으로 비행하는 레이싱 드론의 경우 FPV 영상이 잠깐만 끊겨도 큰 사고로 이어질 수 있습니다. 또 많은 무선 조종기가 2.4GHz 주파수를 사용하는데, 영상 송신 장치도 2.4GHz 대역일 경우 조종 신호와 FPV 신호가 충돌을 일으켜 노콘이나 영상 끊김이 발생할 수 있습니다.

위와 같은 이유로 레이싱 드론에서는 일반적으로 5.8GHz짜리 영상 송신 장치를 사용합니다. 제품 종류에 따라 차이가 있지만(이 차이는 아주 전문적인 영역입니다.) 5.8GHz 대역을 사용하는 대부분의 영상 송신 장치의 경우 공중선 전력이 10mW 이하로 제한됩니다. 공중선 전력이란 안테나에서 방사되는 전력을 말하는데, 이 수치가 높을 경우 다른 무선 기기와 전파 간섭이 생길 수 있기 때문에 규제하는 것입니다.

그런데 문제는, 10mW의 출력으로는 수신 거리가 30m 정도밖에 안 된다는 겁니다. 그러므로 이 거리는 속도감을 즐기고 싶은 레이싱 드론 애호가들을 만족시키기에는 턱없이 모자란 수치입니다. 국내에서 만들어지는 제품은 당연히 전파법을 준수하기 때문에 많은 사람들이 해외직구를 통해 돌파구를 찾고 200mW~600mW 정도의 출력을 내는 제품들을 구매합니다. 이 제품을 사용해서 FPV를 즐기는 것은 당연히 불법입니다. 법정 기준치의 수

십 배에 달하는 출력을 내니까 말입니다.

현재 레이싱 드론으로 이뤄지는 대부분의 FPV는 엄연히 불법입니다. 그럼에도 불구하고 모든 해외직구 건을 단속한다는 게 현실적으로 불가능하기 때문에, 많은 레이싱 드론 애호가들이 외국 쇼핑몰을 통해 FPV 장비를 구매하여 사용하고 있습니다. 만약 적발될 경우에는 처벌을 받을 수도 있습니다. 몇몇 드론 관련 커뮤니티에서 주파수 관련 언급을 금지하는 데는 다 이유가 있는 것입니다.

더더욱 주의할 점은 중고 거래입니다. 개인이 해외직구를 할 경우 전파인증을 받지 않는 경우가 대부분인데, 전파인증을 받지 않은 전자제품을 판매할 경우 적발 가능성이 높고 처벌도 무겁습니다. 아무 생각 없이 중고 거래 사이트에 판매 글을 올렸다가 낭패를 볼 수 있으니 주의 또 주의하기 바랍니다.

요점만 한 번 더 정리하면 다음과 같습니다.

❶ FPV에 사용되는 대부분의 영상 송신 장치를 사용할 경우 전파법 위반입니다.
❷ 특히 해외에서 직접 구매한 제품을 중고로 판매하는 것은 매우 위험합니다.

Chapter 12
드론 핫 이슈

12장에서는 현재 드론을 어떻게 활용하고 있는지, 앞으로 드론의 미래는 어떻게 될 것인지에 대해서 살펴봅니다. 대학에서 드론을 정식으로 배우는 드론과가 생긴 것으로 보아 그 미래가 어떻게 전개될 것인지 더욱 궁금하기만 합니다. 드론과를 시작으로 드론의 활용 영역으로서 많은 화제가 된 드론 택배의 가능성과 장애물에 대해서도 살펴보고 마지막으로 현재 이슈가 되고 있는 드론기술대회를 소개하면서 드론의 현재와 미래를 전망해봅니다.

Lesson 41 드론과를 소개합니다

드론 시장이 성장함에 따라 관련 사업 및 직종, 서비스업 등도 새롭게 생기고 있는데, 그에 따라 관련 자격증 취득이나 드론을 공부하려는 사람도 늘고 있습니다. 초경량무인비행장치 자격증 국가인증 교육기관도 2016년 7곳에서 2017년에는 11곳으로 확대되었습니다(2017년 10월 기준). 그리고 여러 지역의 대학에서도 시장 성장에 맞춰 관련학과를 신설하고 있습니다.

▶ 드론과에서 수업을 받고 있는 모습

그 중에서 대경대학교 드론과를 소개하려고 합니다. 드론에 대해 관심이 많은 분은 이미 한 번쯤은 찾아봤을 것 같은데, 드론과에서 배우는 것을 하나하나 짚어가며 설명하고 다음으로는 대경대 드론과에서 진행하는 대외 활동이나 행사 등에 관해서 소개하겠습니다.

01. 드론과에서 배우는 것

'드론과'라고 하면 대충 어떤 걸 배울지 알 것 같으면서도 "조종술을 익힌다거나 기체 조립을 한다"는 정도의 막연한 정보밖에는 모를 겁니다. 그러므로 지금부터는 드론과에서 배우고 있는 것들을 구체적으로 소개하겠습니다.

대경대 드론과의 수업은 크게 실습형과 이론형, 2가지로 나눌 수 있습니다. 먼저 실습형에는 드론 응용조종 기법, 드론 회로 분석, 드론 관제시스템 운영, GCS 프로그래밍 실습, 드론 항공촬영 기법 등의 과목이 있고, 이론형에는 항공 역학, 항공 법규, 항공 기상, GCS 프로그래밍 등이 있습니다.

1학년 때에는 위 과목을 모두 이수하여 기본적인 지식을 쌓고 좀 더 자신의 적성에 맞는 분야를 탐색할 수 있습니다. 이를 바탕으로 2학년 때에는 조종기술, 제작, 촬영 등의 영역 중 한두 분야에 좀 더 중점을 두어 세부 전공 형식으로 교육이 진행됩니다.

드론 응용조종 기법

야외에 나가서 드론의 조종법을 익혀보는 실습 시간입니다. 실습을 할 때에는 개인 장비를 가지고 하는 것이 제일 좋지만 만만치 않은 가격 때문에 개인 장비를 가진 학생은 몇 명 없습니다. 이런 학생들은 학교 장비나 교수님의 장비를 빌려서 조종 실습을 합니다. 학교에는 촬영용 기체인 팬텀 및 인스파이어 그리고 열화상 카메라와 방제용 프레임을 탈부착할 수 있는 대형 기체와 고정익 기체 등 다양한 기자재들이 구비되어 있습니다.

드론 회로 분석

드론에 장착되는 여러 부품 및 기본 지식을 배우는 과목입니다. 각 부품들이 어떤 역할을 하고 그 부품 안에는 또 어떤 부품이 있는지 등을 공부합니다. 이런 수업과 더불어서 가끔 고장이 나는 기체가 생기면 같이 뜯어서 수리도 하고 제작 및 조립까지 하는 시간입니다.

한 번은 우드락으로 고정익 기체를 만들어봤습니다(드론과의 제작 1호 기체입니다). 기본적으로 필요한 부품들(모터, 서보모터, 프로펠러, 변속기, 배터리, 송수신기)을 준비해서 우드락을 잘라 붙여 만들었습니다. 생각보다 너무 잘 날아서 학생들 모두 감탄했던 게 생각나네요. 랜딩기어가 없는 고정익 기체는 스로틀을 올려놓고 손으로 던져야 합니다.

▲ 종이비행기 모양이지만 모터, 변속기, 프롭, 서보모터, 배터리까지 다 들어가 있습니다.

그리고 레이싱 드론도 다같이 조립해보면서 드론에 대해 하나하나 배울 수 있습니다.

▲ 모드1 조종기를 모드2로 바꾸는 작업 실습 　　　▲ 레이싱 드론을 조립하는 모습

드론 항공촬영 기법

기본적으로 영상편집 시에 가장 대중적으로 많이 사용하는 어도비 프리미어 프로를 사용한 영상편집 기술을 익힙니다. 그리고 실제로 출사를 나가 여러 항공촬영 기법을 익히는 촬영 실습을 하고 그 영상들을 활용해서 이전에 배운 영상편집 기술을 적용해봅니다.

초경량 무인항공 역학, 항공관련 법규, 항공 기상

이름만으로도 어떤 수업일지 예상이 될 겁니다. 항공기의 기본 역학 및 항공관련 법규들은 물론이고 기본적으로 알아야 하는 내용이면서 초경량 무인비행장치 자격증 취득을 위해서도 꼭 공부해야 하는 내용입니다. 현재 초경량 무인비행장치 자격증 실기시험은 국가인증 교육기관에서 큰 비용을 지불하고 교육을 받아야만 응시할 수 있는데, 대경대학교에서도 국가인증 교육기관으로 선정받기 위해 추진하고 있는 것으로 알고 있습니다.

GCS 프로그래밍 및 GCS 프로그래밍 실습

GCS 프로그래밍은 드론을 제작할 때 필요한 소프트웨어를 프로그래밍하는 수업입니다. 오픈소스를 다운 받기도 하고 직접 코딩해 보기도 합니다. 보다 정확히 설명하면, 여러분이 시중에서 구할 수 있는 수많은 FC보드들은 그 회사에서 개발한 프로그램이나 혹은 오픈소스를 업로드해놓은 것인데, 이 시간에는 업로드 작업뿐만 아니라 드론을 구동시키기 위한 다양한 소프트웨어 작업들을 배웁니다. FC보드(엄밀히 말하자면 업로드 전에는 FC보드가 아닙니다. 업로드를 하고 나면 FC가 되는거죠.)에 아두이노(Arduino)컴퓨터의 메인보드를 단순하게 만든 하드웨어인데, 모든 회로 정보가 다 공개되어 있는 오픈소스 기반의 기판입니다.와 멀티위(Multiwii) 등을 이용해서 소스를 업로딩해보고 각종 센서들도 납땜해서 직접 사용할 수 있는 보드를 만들어봅니다.

▲ 아두이노보드

▲ FC보드(도깨비보드)

지금까지 1학년 때의 과정을 살펴보았고 이제 2학년 때의 과정도 간략하게 설명하겠습니다.

먼저 조종 분야에서는 실제 초경량 무인비행장치 자격증 실기시험장과 비슷한 환경을 만들어 시험에 대비하여 연습할 수 있는 수업도 있습니다. 제작 분야에서는 캡스톤디자인 수업이 있어 학생들이 제품 개발부터 생산까지의 전 과정을 경험해볼 수 있고, PTC Creo와 Autodesk Inventor를 이용한 3D 모델링 수업도 있습니다. 영상 분야에서는 드론뿐만 아니라 오스모 등의 촬영 장비를 이용하여 일반 영상 작업까지로 범위를 확장시킨 수업이 진행됩니다.

02. 대외 활동과 MOU 체결

다음은 수업 이외의 대외적인 활동이나 행사들을 소개하겠습니다.

드론과는 현재 대구지방경찰청과 MOU를 체결하였습니다. 각종 실종사건 발생 시 관할서와 협력하여 실종자 수색에도 협조하고 있고 제50사단 군부대와도 관계를 맺어 부대 훈련에 동참하기도 했습니다.

또 미국의 노스웨스턴 미시간 칼리지(Northwestern Michigan College)와도 MOU가 체결되어 7명의 학생이 2주 동안 연수를 다녀왔습니다. 졸업 후 위 대학에 재입학을 할 수 있는 제도도 추진하고 있으며 일본의 치바 대학과도 MOU가 맺어져 있습니다.

▲ 제50보병사단과의 상호협력협약식 모습   ▲ 노스웨스턴 미시간 칼리지에서 진행한 연수 모습

이렇듯 MOU 체결뿐만 아니라 여러 국내 행사에서도 체험이나 전시부스 운영 등 다방면으로 활동하고 있습니다.

졸업 후의 진로는 드론 시장의 규모나 다양성으로 보았을 때, 드론 관련 사업, 관공서(한국전력공사, 경찰서, 군부대 등) 혹은 농약방제, 항공촬영 분야까지 아주 다양합니다. 또한 관광분야에서도 드론을 활용해 사업을 할 수 있습니다. 그리고 조종뿐만 아니라 소프트웨어 프로그래밍 분야로 개발 업무를 넓힐 수 있습니다. 드론과 함께 접목 가능한 직업 또는 활동들이 무궁무진해서 앞으로도 꾸준히 그 수가 증가하지 않을까 생각해봅니다.

※ 이 글은 대경대학교 제1기 드론과 16학번 김상규님이 기고해주셨습니다.

Lesson 42 드론 택배가 넘어야 할 4가지 장애물

우리 정부가 드론 사업 분야 확대를 추진하면서, 이제 드론으로 다양한 일을 벌일 수 있게 되었습니다. 대표적인 예로 '드론 택배'를 들 수 있습니다. 세계적인 쇼핑몰이자 물류 기업인 아마존에서는 이미 오래 전부터 '아마존 프라임 에어(Amazon Prime Air)'라는 드론 택배 프로젝트를 진행하면서 인지도를 높여 놓았습니다. 일본 최대 규모의 오픈 마켓인 '라쿠텐(Rakuten)'이 드론 택배 상용화에 나선다고 밝혔습니다.

▶ 아마존에서 만든 배송용 드론, 프라임 에어
출처 storify.com

이런 추세에 발맞춰 우리나라에서도 드론 택배 실현을 위한 노력이 분주합니다. 드론 시범사업자로 선정된 'CJ'나 '현대로지스틱스' 같은 대형 물류 기업들이 기술 개발에 나섰습니다. 이들 기업의 목표는 2020년까지 드론 택배를 완전 상용화하는 것인데, 그 과정이 순탄치만은 않을 전망입니다. 그 이유는 다음과 같습니다.

01. 비행 시간 문제

현재 시험 비행을 하고 있는 택배 드론의 비행 가능 시간은 길게 봐야 대략 20분 남짓입니다. 일반적인 취미용 드론보다 대용량의 배터리를 사용하지만, 기체가 훨씬 무거운 데다 화물의 무게까지 있기 때문에 비행 시간이 짧아질 수밖에 없습니다. 현재의 배터리 기술에 한계가 있는 것입니다.

물론, 단순히 비행 시간을 늘리는 것이 크게 어려운 일은 아닙니다. 배터리 대신 가솔린 등의 연료를 활용하고 기체 및 연료 저장고의 크기를 키우면 됩니다. 하지만 이럴 경우 드론 제조와 관리에 들어가는 비용이 늘어나기 때문에 채산성은 떨어지고 사고가 날 경우의 위험부담도 커집니다.

▶ 이런 드론을 택배용으로 쓰긴 부담스럽습니다.
출처 afbase.com/ac2_comm/295545

02. 돌발상황 대처 문제

드론 택배가 상용화되려면 '이륙-배송-복귀'의 3단계가 모두 자동으로 이뤄져야 합니다. 그 이유는 비용 때문입니다. 드론 택배의 장점은 배송 비용을 절감할 수 있다는 것인데, 드론 1대당 1명의 조종사가 필요한 시스템이라면 인건비 절감 효과가 사라집니다. 그러면 기업 입장에서 거액의 개발비를 들여가며 드론 택배 시장에 뛰어들 이유가 없는 셈입니다.

일단 드론의 자동비행 자체는 현재 기술로도 가능합니다. 하지만 문제는 돌발상황에 대해 대처하기 어렵다는 것입니다. 배송 중 새가 공격한다든가, 갑자기 비가 오거나 거센 바람이 몰아칠 경우 대응할 방법이 없습니다. 따라서 드론 택배가 정상적으로 수행되려면 외부 요인에 영향을 받지 않도록 튼튼한 기체를 제작해야 합니다.

▶ 독수리에게 공격당하는 드론의 모습
출처 www.hankookilbo.com

03. 물품 수령 문제

여러 난관을 뚫고 택배 드론이 목적지에 도착했다고 가정해보겠습니다. 이제 수령인에게 물품을 전달하는 일이 남았는데, 현재는 마당에 물품을 떨어뜨리거나 도르래를 이용하여 사람이 직접 받도록 하는 등의 방법을 사용하고 있습니다.

그러나 우리나라에서 이런 방법을 사용하기에는 치명적인 단점이 있습니다. 바로 공동주택(아파트)에 사는 인구 비율이 높다는 것입니다. 특히 대도시의 경우 80% 가량의 주민이 공동주택에 거주하고 있다고 하며, 전국으로 범위를 확대해도 공동주택의 비율은 약 50%에 달합니다.

공동주택의 경우 세대별로 마당이 딸려 있지 않으니 물품을 떨어뜨리는 방식은 사용할 수 없습니다. 그렇다면 사람이 직접 받아야 합니다. 편의성을 생각한다면 창문을 활용하여 물품을 전달해야겠지만, 사고 위험이 대단히 높습니다. 물건에 손을 뻗었다가 고속으로 회전하는 프로펠러에 손을 다칠 수도 있고, 드론이 건물과 충돌하여 추락할 수도 있습니다. 또한 자동으로 조종되기 때문에 특정한 창문 앞에서 호버링하는 수준의 미세 조종이 가능할지도 의문입니다.

그렇다면 남은 방법은 수령인이 건물 밖으로 나와서 물건을 받는 것인데, 이렇게 할 경우 문 앞까지 배달해주는 택배의 편리함이 완전히 사라져 버립니다. 소비자 만족을 중시하는 기업 입장에서는 부담스러울 수밖에 없습니다.

▶ 공동주택을 정복하지 못하면 드론 택배는 반쪽짜리가 될 수 있습니다.
출처 pixabay.com

04. 각종 규제 문제

현재 드론 비행과 관련된 모든 사항은 항공 관련법의 규제를 받습니다. 그런데 문제는 이 항공 관련법 규정을 융통성 없이 그대로 적용할 경우 드론 택배가 사실상 불가능하다는 것입니다. 단적인 예로 시계 비행을 들 수 있는데, 현행 규정상 조종자의 시야 밖으로 드론을 날리는 것은 엄연한 불법입니다.

또 사람이 많은 곳에서의 비행도 금지사항이니 주택가에는 접근도 하지 못합니다. 해가 진 후에는 드론을 날릴 수 없기 때문에, 겨울철에는 드론 운용이 가능한 시간이 극도로 짧아질 테고, 드론의 배달 경로에 비행금지구역이나 비행제한구역이 들어가 있다면 그것도 문제가 됩니다.

따라서 드론 택배가 제대로 이뤄지려면 이런 규제가 완화되어야 합니다. 그렇다고 무작정 규제를 풀어버리면 드론 사고가 급증할 가능성이 높아지니 이 또한 문제입니다. 예외규정을 두고 차별적으로 적용한다면 드론 애호가나 영세 사업자가 형평성 문제를 제기할 수 있습니다. 따라서 정부가 "드론 택배 해!" 하는 식의 우격다짐으로 밀어붙일 일이 아닙니다. 의견을 충분히 수렴하고 여러모로 검토해야 합니다. 드론과 관련된 이해관계자들을 아우르는 '운용의 묘'가 필요한 때입니다.

(2017년 7월, 드론과 관련 있는 기존 규제를 보완할 항공안전법개정안이 국회 본회의를 통과했습니다. 2017년 11월 10일부터 시행될 항공안전법개정안은 야간 및 비가시 비행에 대한 특별승인제도를 포함하고 있습니다.)

Lesson 43

1,000,000 800
1,000,000   57

이 절의 제목이자 암호처럼 보이는 숫자 4개로 구성된 위 조합의 정체는 무엇일까요? 이 숫자들은 바로 두바이 정부에서 2015년부터 매년 주최하고 있는 드론기술대회(The UAE Drones for Good Award, D4G)에 대한 것으로 그 의미를 해석하면 아래 표와 같습니다.

구분	내용(2016년 기준)
USD 1,000,000	드론기술대회 국제 부문 우승자 상금(약 12억 원)
AED 1,000,000	드론기술대회 국내 부문 우승자 상금(약 3억 2천만 원)
800팀	대회에 참가한 단체 수
57개	참여 단체들의 국적 수

▶ 드론기술대회 메인 사진
출처 dronesforgood.ae

다들 아는 것처럼 아랍에미리트(UAE)두바이를 비롯한 7개국으로 구성된 연방 국가입니다.는 주요 산유국으로 국가 차원에서 포스트 오일 시대를 적극적으로 준비하는 나라입니다. 특히 포스트 오일 시대의 주요 성장 동력으로 미래 먹거리 기술 확보를 내세우고 있습니다. 대표적인 예로 우리나라 기업들과 함께 원자력 산업을 키우고 있을 뿐만 아니라, 전 세계의 드론 전문가들을 불러 모아 활발하게 드론 관련 연구를 진행하고 있습니다. 이러한 활동의 일환으로 두바이에서는 드론기술대회뿐만 아니라 드론경주대회(World Drone Prix)도 열리고 있습니다.

▶ 두바이 드론경주대회 경기장
출처 goo.gl/rscgrs

드론기술대회의 목적은 아래와 같이 간단히 한 줄로 정리할 수 있습니다.

"인류의 생활을 윤택하게 할 수 있는 창의적이고 혁신적인 드론 발굴"

그래서일까요? 대회에 출품된 드론을 보면 현재 드론 시장에서 볼 수 있는 상용화 드론들과는 다르게 꽤나 창의적인 기술을 기반으로 만들어진 다양한 드론들을 만날 수 있습니다.

대회의 진행 순서는 크게 3단계로 나눌 수 있습니다.

❶ 새로운 아이디어를 적용한 드론에 대해 주요 기능과 특징을 설명하는 3분 30초짜리 동영상을 만들고 홈페이지를 통해 제출합니다.

❷ 전 세계의 전문가들이 한 달간의 심사를 통해 준결승(Semi-finalist) 팀들을 선발하게 되는데, 이렇게 뽑힌 준결승 팀들에 대해서는 '왕복 항공권 및 숙식'을 제공하며 두바이로 초대합니다.

❸ 이틀 동안 선발된 팀들은 자신들이 동영상으로 소개했던 드론의 시연을 통해 마지막 우승팀을 선발합니다.

▶ 드론기술대회 진행순서
출처 dronesforgood.ae

국가 차원에서 관심을 가지는 드론대회이다보니 대회 기간에는 두바이 통치자, 고위 관료, 그리고 많은 거주자가 참석하여 대회를 즐기는 모습을 볼 수 있습니다.

▲ 2016 드론기술대회의 현장 시연 1
출처 dronesforgood.ae

▲ 2016 드론기술대회의 현장 시연 2
출처 dronesforgood.ae

그럼 이쯤에서 어마어마한 우승 상금을 가져간 우승팀의 드론들을 한 번 살펴볼까요?

01. 수공양용 드론인 Loon Copter

2016년도 국제 부문 우승은 오클랜드 대학교(Oakland University)팀의 작품으로 Loon Copter라는 드론이 차지했습니다. 이 드론은 기체에 방수설계를 적용하여 일반 드론과 같이 공중 비행을 수행하다 필요할 경우 물의 표면과 물속에서 운용할 수 있습니다. 특히 물의 표면에서 물속으로 잠수하거나 물속에서 잠수 깊이를 조절할 때에는 드론 본체 내부에 위치한 시스템을 이용하여 부력 조절을 수행하고 이로 인해 에너지 소모를 최소화하며 물의 표면이나 물속에서 떠 있을 수 있는 것이 인상적입니다.

다만 드론과 조종기 사이에서 사용되는 무선 통신의 경우 물속에서의 전파 감쇄 이슈로 인해 물의 표면이나 수심이 깊지 않은 경우에만 사용자가 조종할 수 있을 것이며, 물속에서는 통신이 불가능하기 때문에 드론 기체에 장착된 센서를 기반으로 한 자동운행 모드로 운행한다면 의미가 있을 것이라는 생각이 듭니다.

▲ Loon Copter의 현장 시연 1   출처 goo.gl/DfyvlD

▲ Loon Copter의 현장 시연 2   출처 goo.gl/DfyvlD

02. 험지에서도 마음 놓고 비행할 수 있는 ELIOS

2015년도 국제 부문 우승은 Flyability팀의 ELIOS가 차지했습니다. 수상 이후 전 세계적으로 유명세를 얻었고, 드론의 추락 및 충돌 문제를 멋지게 해결한 드론입니다. 아래 사진에서 보는 바와 같이 드론 외부에 카본으로 만든 외골격이 충돌을 막아주는 역할을 하고 드론과 외골격 사이에는 자이로스코프로 디자인되어서 외부 충격에도 기체가 안정적으로 비행을 유지할 수 있도록 도와주는 장점이 있습니다. 다만 추가되는 외골격으로 인해 드론의 고질적 문제점인 비행 시간 부분에서는 더 불리할 것이라는 생각이 듭니다. 또한 기존의 드론에 비해 구조가 복잡해서 초기 구매 및 유지 비용에서는 더 부담이 될 것 같습니다.

 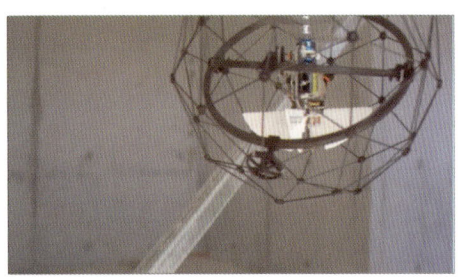

▲ ELIOS의 현장 시연 1 출처 goo.gl/OEF2y2   ▲ ELIOS의 현장 시연 2 출처 goo.gl/OEF2y2

03. 화학 누출 방지용 땜질 드론인 Buildrone

UAE 국적을 가진 국민과 거주자들만 참가할 수 있는 2016년도 국내 부문 우승자인 Buildrone입니다. 이 드론의 주요 기능은 드론 하부에 주사 로봇을 설치하여 목표하는 위치에 주사 내용물을 뿌리는 것입니다. 좀 더 쉽게 말하면, 순간 접착제를 이용하여 균열 부분을 막는 기능을 드론 하부에 설치된 로봇이 하는 것입니다. 움직임을 고려하여 로봇이 자동으로 목표 지점을 따라가기도 하고, 로봇이 파이프에 걸리면 비행에 방해가 되지 않게 회피하는 기능도 있습니다.

▶ Buildrone의 현장 시연 1
출처 goo.gl/djCVwi

그리고 사람이 접근할 수 없는 유해한 가스가 배출되는 파이프 수리를 드론이 할 수 있다는 재미있는 개념을 적용하기도 했습니다.

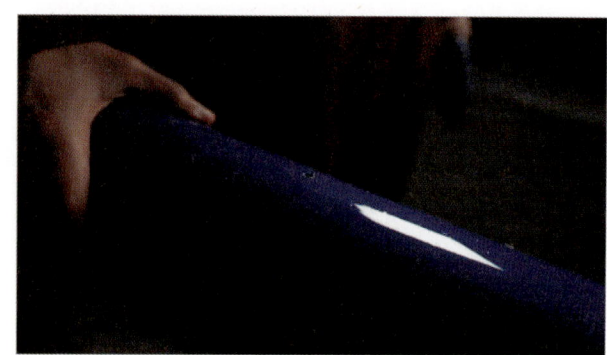

▶ Buildrone의 현장 시연 2
출처 goo.gl/djCVwi

04. 야생 동물 연구를 위한 사진 데이터 수집용 드론인 Wadi Drone

2015년도 국내 부문 우승은 Wadi Drone이 차지했습니다. 보통 야생 동물 생태계에 대한 연구를 수행하기 위해서는 동물들이 자주 나타나는 위치에 카메라를 설치해야 합니다. 이 카메라는 동물들이 나타나면 자동으로 사진을 찍습니다. 이렇게 찍힌 사진들을 수거하기 위해서는 사람들이 직접 정글 속 카메라들을 일일이 찾아다녀야 하는 번거로움이 있는데, 이러한 카메라의 사진 수거를 사람 대신에 드론을 이용하겠다는 것이 Wadi Drone의 핵심입니다.

▶ Wadi Drone의 현장 시연 1
　출처 goo.gl/BsLLAt

다만 이를 위해서는 카메라가 평소에는 통신대기 모드로 동작해야 할 뿐만 아니라 촬영한 사진을 드론에게 전달할 때에는 추가적인 전력소모가 발생하므로 카메라의 배터리 교체 시기가 기존에 비해서 빈번해 질 것이라는 생각이 듭니다.

그리고 여러분도 느꼈겠지만 이번에 소개한 Wadi Drone의 경우 사실 창의적인 아이디어와 시중에서 쉽게 구할 수 있는 제품들의 조합으로 만들어진 시스템이라 할 수 있습니다.

"좋은 아이디어를 가진 독자 분이 있다면 다음 대회에 한 번 출전해보는 것은 어떨까요?"

▶ Wadi Drone의 현장 시연 2
　출처 goo.gl/BsLLAt

Appendix

부록

드론에 대한 기초 과정을 잘 마친 여러분들에게 여러분 스스로가 드론에 대한 이해를 넓힐 수 있도록 드론 관련 커뮤니티, 정보 사이트를 소개합니다. 이를 통해서 앞서 다뤘던 내용을 다시 한 번 정리해 보고 미처 다루지 못했던 내용이나 드론에 대해서 좀 더 자세히 알고 싶은 아쉬움을 달랠 수 있으리라 기대합니다.

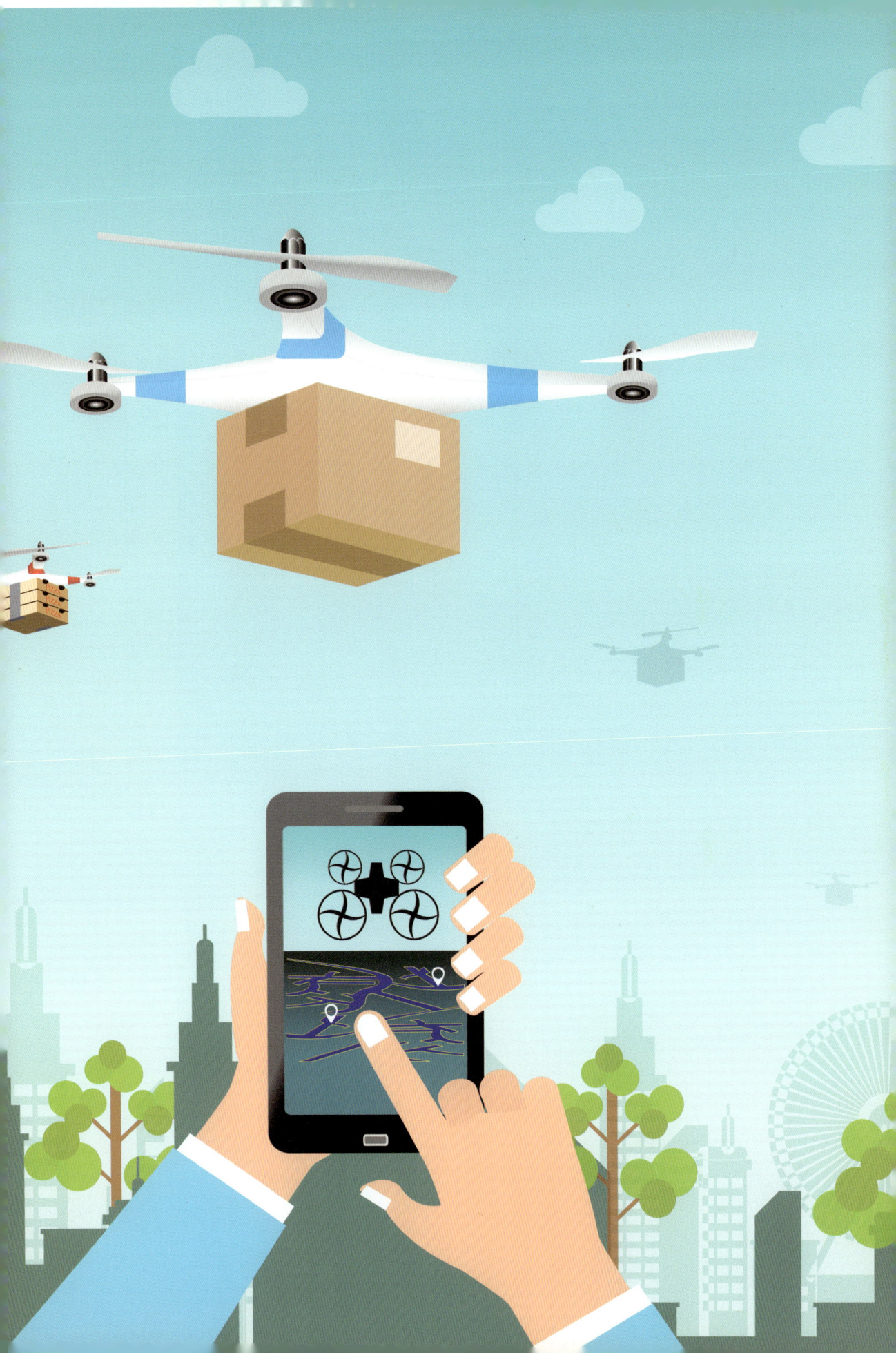

드론 관련 커뮤니티와 정보 사이트

드론의 인지도가 높아지면서 관련 사이트도 우후죽순 생겨나고 있습니다. 그 중에는 훌륭한 사이트도 있지만 시류에 편승하려는 함량 미달의 사이트도 많습니다. 여기서는 드론에 관한 유용한 정보를 얻을 수 있는 사이트를 엄선했습니다. 대신 객관성을 유지하기 위해서 해외 사이트만 소개하고 국내 사이트는 사이트명과 주소만 언급합니다.

01. 국내 사이트

구분	사이트명	URL
커뮤니티	드론플레이	http://cafe.naver.com/dronplay
	드론매니아	http://cafe.naver.com/dronemania
	멀티로터 연구소	http://cafe.naver.com/wookongm
	FLY 비밥 드론	http://cafe.naver.com/flybebopdrone
	뽐뿌 포럼	http://ppomppu.co.kr/zboard/zboard.php?id=rc

02. 해외 사이트

구분	사이트명	URL
크라우드 펀딩	킥스타터	http://kickstarter.com/
	인디고고	http://indiegogo.com/
드론 사진과 영상	드론스타그램	http://dronestagr.am/
	스카이 픽셀	http://www.skypixel.com/
	드론 프레스	http://dronepress.co.kr/

03. 해외 주요 사이트

RC 그룹스(rcgroups.com)

세계적인 RC 관련 사이트입니다. 1997년에 첫 도메인을 등록했으니 무려 20년의 역사를 자랑하는 셈입니다. 오랜 역사만큼이나 규모도 큽니다. 월 방문자 수가 1백만 명이 넘고 누적된 글 수는 1천3백만 개 이상입니다. 규모가 큰 만큼 정보력도 대단한데, RC 그룹스에 없는 정보는 다른 곳에서도 찾기 힘들 겁니다.

이 사이트는 드론뿐만 아니라 RC 제품 전반을 다룹니다. 신제품 소식, 리뷰, 강좌, 자기자랑 등 없는 게 없습니다. 특히 드론의 '실제 모습'을 알고 싶을 때에는 RC 그룹스에서 제공하는 정보가 유용합니다. 스펙만으로는 알 수 없는 생생한 실제 사용기를 볼 수 있기 때문입니다. 제조업체를 신뢰하지 못하는 분이라면 RC 그룹스를 방문해보면 도움이 될 겁니다.

이 사이트는 이런 분께 추천합니다.

"드론 관련 궁금증이 생겼거나 실제 사용기를 보고 싶은 분"

▲ RC 그룹스 홈페이지　　　　　　　　▲ RC 그룹스에 올라온 드론 관련 내용

DIY 드론스(diydrones.com)

이름이 DIY인 것에서 유추할 수 있듯이 드론을 직접 만들고 싶어하는 아마추어 제작자들의 커뮤니티입니다. 3D로보틱스의 CEO인 크리스 앤더슨(Chris Anderson)이 만든 것으로 잘 알려져 있습니다. 현재 3D로보틱스에서 운영하고 있는 사이트라고 보면 되는데, 회원 수가 약 8만4천 명에 달할 정도로 거대한 커뮤니티입니다.

'ArduCopter', 'ArduPlane' 같은 메뉴명에서 보듯이, DIY 드론스는 아두이노(Arduino)를 활용해 만든 RC를 주로 다룹니다. 사용자는 자신의 입맛에 맞게 아두이노를 활용할 수 있습니다.

　RC 그룹스의 드론 섹션이 드론과 관련된 모든 정보들을 다룬다면, DIY 드론스는 제작과 개조에 초점이 맞춰져 있습니다. 최근 우리나라에서도 드론을 직접 만드는 분이 늘어나고 있는데, 관련 정보가 필요하면 DIY 드론스를 방문해보길 바랍니다.

　이 사이트는 이런 분께 추천합니다.

"드론 제작에 관심이 많은 분"

▲ DIY 드론스 홈페이지

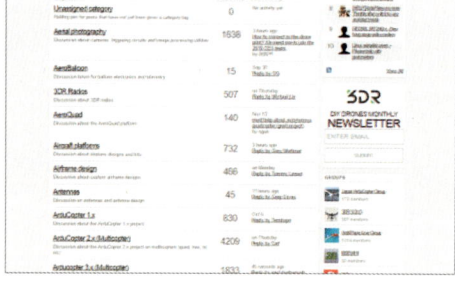
▲ DIY 드론스의 포럼 중 일부 내용

드론스타그램(dronestagr.am)

　인스타그램을 닮은 이름에서 느꼈겠지만, 드론으로 찍은 사진과 영상을 감상할 수 있는 사이트입니다. 드론을 촬영 목적으로 운용하는 분이라면 한 번쯤 방문해 볼 만한 곳입니다. 눈을 즐겁게 하는 사진과 영상이 가득합니다. '좋아요'나 댓글이 많은 작품은 'TOP PHOTOS' 혹은 'TOP VIDEOS'에 선정됩니다. 은근히 경쟁심을 자극하는 셈입니다.

　드론스타그램에서는 최고의 작품을 가리는 콘테스트도 열리는데, 상품이 아주 푸짐합니다. 촬영에 자신이 있는 분이라면 드론스타그램 콘테스트에 꼭 도전해보길 바랍니다.

　이 사이트는 이런 분께 추천합니다.

"드론 촬영에 관심이 많은 분"

▲ 인스타그램을 닮은 드론스타그램 홈페이지

▲ 2015년 콘테스트 우승작인 Ricardo Matiello의 〈Above the mist〉

퍼스트토이리뷰(firsttoyreviews.com)

각종 RC 제품의 리뷰를 볼 수 있는 사이트입니다. 드론뿐만 아니라 자동차나 헬리콥터 등도 다루지만 아무래도 드론의 인기가 높다보니 드론 관련 리뷰가 눈에 많이 띕니다. 특히 CX-20이나 X5C 같은 유명 모델의 경우에는 매뉴얼을 다운 받을 수도 있습니다.

완제품 기체, DIY 키트, FPV, 배터리, 백팩, 짐벌 등 드론과 관련된 모든 제품을 다룬다고 보면 되고 Wltoys, Walkera, MJX 등 다소 상대적으로 덜 유명한 업체의 드론 리뷰가 많이 올라오므로 새로운 드론을 깊게 알고 싶을 경우에 유용합니다. 대체로 리뷰 길이가 짧고 핵심만 짚는 편이라서 영어로 된 긴 글을 읽는 데 상대적으로 부담이 적습니다.

이 사이트는 이런 분께 추천합니다.

"신제품 소식에 관심이 많은 분"

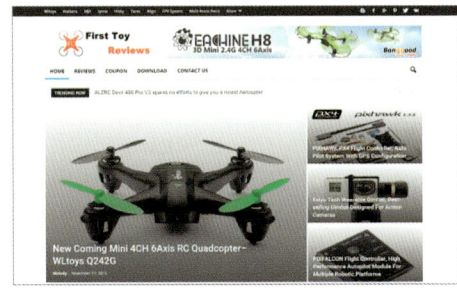
▲ 퍼스트토이리뷰 홈페이지

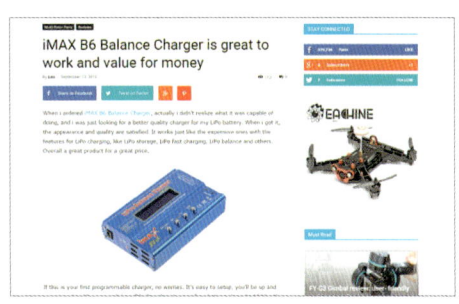
▲ 퍼스트토이리뷰에서 소개한 충전기 iMAX B6의 리뷰